DE QUEMADA A REALIZADA

Cómo dejar de sufrir en el trabajo y construir una vida con sentido

Andrea Franco Arrese

SOMOS B

Papel certificado por el Forest Stewardship Council®

MIXTO
Papel | Apoyando la silvicultura responsable
FSC® C117695

Penguin Random House Grupo Editorial

Primera edición: junio de 2025

Travessera de Gràcia, 47-49. 08021 Barcelona
Iconos de pp. 89 y 113: Freepik / Flaticon.com

Printed in Spain – Impreso en España

ISBN: 978-84-666-8066-0
Depósito legal: B-6.373-2025

Compuesto en M. I. Maquetación, S. L.

Impreso en Black Print CPI Ibérica
Sant Andreu de la Barca (Barcelona)

BS 8 0 6 6 0

ÍNDICE

A mis padres, por haberse dejado la piel y por quererme tanto.

A Carlos, por creer siempre en mí, por apoyar y empujar todas mis locuras. Por darlo todo siempre y hacerlo posible.
Tant de bo pogués veure'm amb els teus ulls.

A los Lolitos, por ser también familia y amor.

A mí, por seguir soñando.

INTRODUCCIÓN

El punto de partida

En 2022 me rompí.

Fue el año más duro de mi vida. El año en el que más he sufrido. También marcó un antes y un después.

No agradezco al 2022 todo lo que me ocurrió a cambio de todo lo que me enseñó, no puedo verlo así y más adelante lo entenderás. Sinceramente, no estoy segura de que todo pase por algo. Puedo decir que aprendí, que me hizo reflexionar. Y que me ha conducido hasta aquí.

Pero, joder, cómo sufrí.

No estaba preparada para todo ese huracán de dolor, no lo estaba. No lo estaría tampoco ahora.

Déjame que te ponga en contexto.

En 2022 hacía más de tres años que trabajaba como directora de marketing en una *startup*, una de esas empresas que crecen rápido y levantan varios millones de euros en rondas de inversión. Algo serio. Llevaba un equipo de doce personas y formaba parte del comité directivo, con toda la responsabilidad que una posición así conlleva.

Por aquellas fechas, hacía ya seis meses que algo no iba bien. Digo «algo» por decir, pues eran muchas cosas en realidad. Sentía que no tenía ganas de nada. Que el trabajo, que tanto me gustaba, me parecía una condena, un lugar terrible al que ir cada día. Me levantaba todas las mañanas cansada y triste. Sin ganas de nada. Los ataques de pánico nocturnos habían vuelto después de muchos años. «Me muero, no puedo respirar. Te quiero», le decía a mi marido cuando sentía que no quedaba una gota de aire en mi cuerpo en mitad de la noche.

Vivía alerta a cualquier traición dentro del ámbito laboral. A cualquier mal gesto o mala contestación, habituales en los últimos tiempos. Soy una persona asertiva y siempre voy de frente, yo no sé jugar a dar puñaladas o ir por detrás. Y estar pendiente de eso me desgastaba muchísimo.

¿Cómo era posible que de repente tuviera que vigilar mi espalda?

Hubo un punto en el que casi me lo creí. Creí que todo eran imaginaciones mías. Que quizá tenían razón y no era para tanto, que tal vez estaba exagerando y era yo que estaba muy sensible.

Había empezado en ese puesto después de muchos años trabajando duro, invirtiendo mucho a nivel personal y económico.

Soy licenciada en Derecho, preparé oposiciones tres años para ser juez. Siempre había sido la «justita», pues el sistema educativo me había marcado con esa etiqueta que tanto te posibilita y tan poco te limita (nótese la ironía). De hecho, se dijo de mí que no podría estudiar una carrera. Años más tarde, tras licenciarme, tres años de oposiciones, dos posgrados, un máster y un MBA de Negocio Digital, había superado todas las expectativas. Me había reinventado. Me esforcé mucho y tuve que tomar muchas decisiones importantes hasta dar con la tecla.

No fue cuestión de suerte, sino de elegir y renunciar. Hasta que llegó un punto en el que lo sentí: «Esto es lo mío, se me da bien. Disfruto con mi trabajo. Soy buena, joder. Por fin». Casi como si me sorprendiera ser buena en algo.

Tenía una posición y un sueldo que nunca creí que conseguiría. Pero que honestamente merecía, y con creces. Por eso no estaba dispuesta a soltarlo sin más.

A pesar de las injusticias, de sufrir luz de gas y sentir que todo lo que hacía, pensaba o decía no valía para nada, yo seguía haciendo mi trabajo y entregando resultados. Pero quise dejar mi puesto tras una reunión en la que ya no pude más. Mi jefe me pidió que no lo hiciera. Me dijo que todo iba a cambiar. Y después de tres años de buena relación, ¿por qué no iba a creerle?

Y me quedé, pero decidí buscar ayuda para poder lidiar con el día a día. Yo sabía que estaba mal, pero no que estaba al límite de caer enferma.

«Andrea, sufres *burnout* y es probable que caigas en una depresión, tienes que parar». Esto es lo que me dijo mi psicólogo un día que llegué llorando.

No podía parar.

«No aguanto más. No quiero vivir así. No se puede vivir así», le había dicho yo justo al entrar.

Sufría *burnout* desde hacía meses.

Lloré durante toda la sesión. Cincuenta minutos sin poder pronunciar una frase entera. Sufría episodios depresivos en los que pensaba que nada tenía sentido.

En junio de ese año, por videollamada, mi jefe me dijo que amortizaban mi posición. Que prescindían de mí.

Sin más. Sin ninguna emoción, sin ningún porqué.

No tuve tiempo de comunicárselo a mi equipo siquiera: dijeron a toda la empresa que yo iba a hacer un cambio y que me marchaba.

Casi cuatro años de trabajo se habían terminado.

Yo siempre había imaginado que el día que me marchara —había tenido en cuenta ese escenario— me despediría tomándonos una cerveza. Hablando de todas las peripecias que hicimos para levantar la empresa. Casi con cierto sentimiento de hermandad, al estilo americano. Que hablaríamos de todo lo que peleamos y nos adaptamos durante la pandemia para sobrevivir y levantar esa ronda de inversión de casi cinco millones. De todos los logros. De los grandes momentos cumpliendo hitos.

Pero nada más lejos de la realidad.

Un mes más tarde, la empresa hizo un ERE total de la plantilla. La ronda de inversión no llegó. Lo más gracioso fue que, con un pie fuera, yo quedé como uno de los tres representantes de los trabajadores para hacer las negociaciones. Cerrarlo todo fue una pesadilla, y en pleno verano ni te cuento.

Pero lo peor estaba por llegar.

Un par de meses más tarde, sin saberlo, se me rompió el corazón de la forma más brutal que podía imaginar. Lola, mi perra, falleció de un cáncer muy agresivo en un tiempo imposible de asumir emocionalmente. Lo intentamos todo, y no conseguimos nada.

Habíamos adoptado a Lola en la protectora Animals Sense Sostre. La conocí haciendo un voluntariado poco después de independizarme con mi marido y me costó muy poco convencerle de que Lola, por aquel entonces Anila, tenía que formar parte de la familia junto a Bobby, un mix de bobtail que adopté con mis padres y que es mi inseparable.

El 27/09/2013 Lolita llegó a casa.

El 26/10/2022 se marchó.

La muerte de Lola me partió el corazón en tantos pedacitos como es posible romperse. Lo entendí, el corazón puede doler. Literal y físicamente. Joder si duele.

Septiembre no fue solo el mes en el que Lola fue diagnosticada, también en el que Bobby y yo cumplíamos años, y el mes en el que después de más de un año intentando ser madre de forma natural, con todo lo que eso conlleva, empecé con un proceso de in vitro traumático.

Justo dieciséis horas antes de la primera punción, después de los pinchazos y las subidas y bajadas emocionales, me cancelaron la intervención por un tema de coagulación que no tuvieron en cuenta en su debido momento. Por mala praxis.

Era el día de la Mercè, la fiesta patronal de Barcelona, y todo estaba cerrado. Tenía que encontrar una farmacia abierta veinticuatro horas que tuviera disponible el medicamento específico que debía pincharme para parar los enormes folículos que crecían dentro de mi útero. No puedo explicarte la desesperación del momento y el dolor al día siguiente. No había quien lo aguantara.

El proceso fue muy doloroso, física y emocionalmente, pero la recuperación fue peor todavía, tenía demasiado acumulado, en todos los sentidos.

En noviembre de ese mismo año me dijeron que tenía endometriosis, lo cual complicaba todo mucho más de lo previsto, aunque también daba sentido a las dificultades. Por fin, de algún modo, podía decir que no estaba loca. Que después de veinticuatro años sufriendo todos los meses cuando me venía la regla, a punto de acudir a Urgencias en numerosas ocasiones, no era cuestión solo de tomarme Enantyum para reducir el dolor. Que ese dolor no era normal.

Tenía una enfermedad inflamatoria. Y del tipo menos común y más doloroso. Menuda gracia: para los estudios no, pero para todo lo malo yo sí era especial.

El 2022 cerraba sus puertas. No sin antes traer a Coco a nuestras vidas.

No sé si todo pasa por algo, ya te lo he dicho, pero Coco es un podenco, como Lola, que nació en junio, mes en el que se prevé que ella pudo empezar a desarrollar la enfermedad sin que pudiéramos darnos cuenta.

Déjame que piense que las casualidades a veces existen.

Aunque te rompan el corazón.

Te explico todo esto no para que sientas lástima ni para venderte una historia de superación lacrimógena o un mensaje de «si sonríes todo irá bien». Te lo cuento para explicarte que 2022 fue un año de mucho dolor. Más del que podía soportar. El trabajo, la estabilidad, la vida y la muerte se entrelazaban.

También fue un año de muchas respuestas, y de algunos comienzos.

Porque 2022 me obligó a parar y a volver a empezar.

Y ahora seguramente te estarás preguntando cómo he llegado hasta aquí y qué hago yo escribiendo este libro.

Te cuento.

El *coaching* no llegó a mi vida por casualidad. Llegó buscando respuestas. Principalmente dos:

¿Cómo hacer que mi equipo no pasara por lo mismo que yo?

¿Cómo mejorar mi liderazgo y *soft skills* para ser mejor profesional?

En mayo del año fatídico, antes de que me echaran (porque eso es lo que hicieron y así es como se siente, por más que lo llamen «amortización») me matriculé en la mejor escuela de *coaching* ejecutivo y comencé a formarme.

Y así, sin muchos planes serios ni expectativas, empecé a crear contenido en redes sociales con alcances de casi dos millones de visitas.

Me di cuenta de que había mucha más gente en mi situación. Personas que estaban sufriendo en un mal trabajo. Personas que no tenían claro qué decisión tomar. Personas que no se daban el permiso de elegirse, de priorizarse.

Había demasiada gente ahí fuera incapaz de decidir porque no tenían las herramientas para hacerlo. Y es que, si lo piensas:

¿Quién nos enseña a saber qué queremos y qué necesitamos?

¿Cómo se puede elegir, decidir o priorizar, sin saber desde dónde ni el qué?

Es imposible saber qué quiero si no conozco quién soy. Hablo más allá de un trabajo, de hobbies o de relaciones. Quién soy de verdad: qué es importante para mí, qué necesidades tengo, cuáles son mis metas y sueños por cumplir.

Es casi mágico cuando empiezas a arrancar capas y más capas y empiezas a (re)encontrarte con una persona ahora casi desconocida. Una persona que estuvo siempre ahí, pero que habías olvidado. Que está esperando, paciente, a que creas que es el momento oportuno. Ese momento no debería ser un *burnout*, pero a veces ocurre.

Es casi mágico (re)encontrarse.

Casi mágico, pero no es magia.

Es trabajo personal, decisiones y renuncias.

Son ganas de vivir, de ser libre y de elegir priorizarse.

Y yo lo he podido vivir en primera persona por mi experiencia, pero también en las personas a las que he acompañado, y es un alivio.

Hace un tiempo me senté con mi psicóloga y recuerdo que le dije: «Tengo casi cuarenta años, estoy a punto de empezar la que espero que sea mi otra mitad de vida y hasta hace relativamente poco no me he dado cuenta de lo que de verdad significa vivir. Y a veces lo olvido, y lo olvidaré. Pero ahora empiezo a entender de qué va esto».

Vivir es darse la oportunidad de ser una misma, de valorarse y quererse con lo que somos. Sé que suena muy espiritual y yo no lo soy demasiado, así que dame unos segundos que termino pronto.

Si lo piensas es algo casi racional, incluso legal. Es un tema de derechos. Tengo el derecho de ser yo misma y de elegir lo que quiero hacer con mi vida.

El problema es cómo elegir. Lo sé. Y a eso vengo.

Empecé a acompañar en procesos de *coaching* en 2023 y tardé muy poco en darme cuenta de que todas las personas que llegaban a mí buscando respuestas sobre su situación laboral, hubieran sufrido o no *burnout*, buscaran o no un cambio, compartían el mismo punto de partida: «No sé qué quiero hacer con mi vida».

El trabajo no da sentido a nuestra vida, darle un sentido al trabajo es lo que hace que la vida tenga sentido. Dicho de otra forma, el trabajo no es el fin, el trabajo es el medio para que puedas vivir la vida que quieres. Y elegir el trabajo adecuado y aprender a relacionarte de forma sana con él depende de que hagas el trabajo previo oportuno.

¿Por qué?

Porque cuando lo haces creas un marco de referencia desde el que tomar decisiones es mucho más sencillo, coherente y satisfactorio.

No hay desarrollo profesional sin desarrollo personal, al menos no de un modo sostenible. Es imposible.

Por eso, a lo largo de este libro voy a compartirte una estructura de pensamiento y de ejercicios que te guiarán para crear ese marco de referencia que te ayudará a tomar decisiones no solo a nivel profesional, sino también personal.

Te recomiendo que no saltes entre capítulos porque aquí el orden de los factores sí altera el producto. De hecho, el orden (equivocado) de los factores es seguramente el motivo por el que estás leyendo este libro. Porque empezaste eligiendo una carrera y te encontraste con un trabajo sin hacerte más preguntas que «cuál es mi nota media».

Y faltaron preguntas. Que son las que ahora necesitas resolver para poder avanzar.

¿Qué puedes esperar de este libro?

Este libro es mi manera de ayudar a todas aquellas personas que sienten que viven estancadas y que han perdido la ilusión. Personas que sienten que solo viven para trabajar y que esperan algo más de la vida. Que están bloqueadas porque no saben qué decisión tomar para romper el *loop* en el que se encuentran. Personas dispuestas a hacerse preguntas y encontrar respuestas.

Porque tomar decisiones es de por sí complicado, al menos a mí me lo parece muchas veces, pero lo es mucho más cuando sientes que llevas años viviendo la vida de otros y ahora no te reconoces.

El trabajo muchas veces es solo la guinda del pastel, la señal de que algo no está funcionando, pero seguramente no sea el problema de fondo. Descubrir y entender qué está pasando realmente es clave para poder avanzar.

Yo sufrí *burnout*, y ahora siento que podría haberlo evitado, podría no haber llegado hasta esos extremos si me hubiera reconocido y escuchado cuando mi cabeza y mi cuerpo me enviaban señales.

Hemos venido a esta vida a ser felices, sea cual sea el significado que tenga para ti la felicidad. Te mereces ser feliz, y lo sabes.

Lo sabes porque si no este libro no estaría en tus manos aquí y ahora.

¿Cómo puede ayudarte este libro?

Estas páginas suponen un cambio de perspectiva, un cambio de chip en la forma de entender el trabajo y la vida. Este libro te ayudará a cuestionar, reflexionar y pasar a la acción.

Quiero que entiendas que este proceso que empiezas no va de encontrar las respuestas perfectas, sino de hacerte las preguntas adecuadas.

No pretendo que estés de acuerdo con todo lo que comparto, sino que hagas crítica de todo lo que leas y que te quedes con aquello que más resuene contigo. A veces un solo clic basta para cambiarlo todo.

Este es el libro que yo no tuve y que sé que hubiera necesitado en su momento, así que espero que sea útil para ti. Escribo estas páginas no solo como *coach*, sino como una persona que, al igual que tú, ha necesitado cuestionarse lo que conocía porque no le estaba funcionando.

En estas páginas comparto contigo el paso a paso de un proceso de transformación que he creado a partir de todos los procesos de *coaching* en los que he tenido la suerte de poder acompañar. Es un proceso que integra diferentes herramientas y metodologías: la PNL, el *coaching* ejecutivo, Insights Discovery, Design Thinking y Product Design, entre otras.

Encontrarás ejercicios que ya existen, otros que son adaptaciones o variaciones del original, y también herramientas que he creado yo para este proceso en concreto.

El libro te guiará paso a paso para que consigas pasar a la acción, pero es importante que tengas en cuenta que habrá casos y situaciones en los que el acompañamiento profesional marca la diferencia.

Así que, si en algún momento sientes que necesitas una ayuda extra, no esperes.

¿Cuál es la estructura de este libro?

Este libro está escrito como si fuera un puzle, las piezas solo encajarán cuando lo termines. Por eso necesito que, aunque te puedan las ansias, confíes en el proceso y lo leas ordenadamente. Cotillea si quieres el índice, si no lo has hecho ya, pero luego empieza por el principio.

El libro está dividido en dos grandes bloques: desarrollo personal y desarrollo profesional.

Bloque 1: Desarrollo personal

- Parte I (¿Cómo has llegado hasta aquí?): Te acompañaré a explorar cómo has ido construyendo tu identidad, qué factores son los que han influido y por qué. En esta parte encontrarás además una sección totalmente práctica para poder profundizar en tu autoconocimiento y objetivos vitales.

Bloque 2: Desarrollo profesional

- Parte II (¿Qué te está pasando?): Está enfocada al ámbito profesional. Hablaremos de *burnout*, de insatisfacción laboral y de los desafíos del mundo laboral actual. Aquí podrás evaluar tu grado de insatisfacción y por qué estás así.
- Parte III (¿Cómo salir de aquí?): Este es el cierre del li-

bro y será sobre todo práctico para que puedas empezar a tomar decisiones que te ayuden a pasar a la acción.

Importante, antes de que empieces a leerlo:

1. Este libro no es solo una historia ni tampoco solo un cuaderno de ejercicios. Es una guía con reflexiones, ejemplos reales y herramientas para que las personas que están sufriendo en el trabajo encuentren un modo de vida propio que les haga felices. Este es un libro sobre ti.
2. Verás que a lo largo del libro me he dirigido al lector en femenino. Quiero que sepas que este proceso de transformación va dirigido a todos los públicos, pero el motivo por el que he decidido hacerlo así es que el 80 por ciento de mis *coachees* y personas que me siguen en redes son mujeres. También observarás que comparto muchos ejemplos y casos a lo largo de estas páginas. Todos ellos están basados en historias reales, pero, como es lógico, he sustituido los nombres y están ligeramente modificados para proteger su intimidad.
3. Encontrarás dos capítulos cien por cien prácticos, el 3 y el 7. Te recomiendo que tengas un cuaderno preparado para dedicarlo expresamente a todo este proceso y en el que puedas trabajar a lo largo de la lectura. No tienes que hacerlo todo de golpe, ve a tu ritmo, ponte una *playlist* que te guste e inspire, y vuelve a los ejercicios cuando lo necesites.
4. Disfruta de conocerte, de regalarte este tiempo. Disfruta de elegir elegirte. Es maravilloso que te des, por fin, el permiso para hacerlo.

Un último apunte

Este libro está escrito tanto para las personas que están al límite como para quienes, sin llegar al *burnout* clínico, se sienten desconectadas, estancadas o hartas de su trabajo. Si ese es tu caso, te servirá para ponerle nombre a lo que sientes, entender por qué estás así y empezar a tomar decisiones con claridad. Pero si ya tienes un diagnóstico o si estás atravesando un momento especialmente difícil, es importante que sepas que este libro no sustituye a la terapia psicológica o al tratamiento médico, solo los complementa.

Ahora sí, empieza tu viaje.

Confía en el proceso.

NOTA: Todo lo que relato en el libro está basado en mi experiencia personal y habla de cómo yo he vivido lo ocurrido. Lo que escribo y comparto sobre mi historia es mi perspectiva de los hechos, no representa la de la empresa ni la de otras personas involucradas. Quiero que tengas en cuenta que comparto mi historia no para señalar culpables, sino porque creo que es importante visibilizar temas que son tabú o que están estigmatizados.

PARTE I

¿CÓMO HAS LLEGADO HASTA AQUÍ?

CAPÍTULO 1

EL MAPA NO ES EL TERRITORIO

«Depende, todo depende».

Si llevas un tiempo leyendo o investigando sobre desarrollo personal, seguro que te suena la frase «el mapa no es el territorio».

Entender esta idea e interiorizarla supone un cambio radical en tu forma de pensar, pero también y especialmente, en todo lo que está por venir en este libro, así que necesito que prestes mucha atención a lo que te voy a explicar.

«El mapa no es el territorio» es una forma de decir que lo que ves no siempre es solo lo que hay. O, dicho de otra forma, que lo que asumes como realidad es solo tu versión de lo que ocurre en el mundo, pero no la única.

Porque tal y como dice la canción de Jarabe de Palo que cantaba Pau Donés: «Depende, de qué depende / de según como se mire todo depende».

He pasado muchos años pensando que cuando yo creía en algo firmemente esa era la única verdad que podía existir, una verdad absoluta, así que la defendía a capa y espada. También he sido de las de: «estoy esperando a que termines de hablar por cortesía, pero no te estoy escuchando; en cuanto termines sigo con lo mío, porque de aquí no me baja nadie». Es más, he salido de reuniones en el trabajo pensando que si alguien no estaba de acuerdo conmigo era solo porque quería llevarme la contraria. «¿Cómo puede ser que no estén de acuerdo con lo que estoy diciendo...? ¡Tiene tanto sentido! Será la envidia».

Bueno, pues escúchame con atención: la vida te abre un mundo de posibilidades cuando asumes que, además de la tuya, existen otras realidades igual de válidas. De hecho, existen tantas como personas en el mundo.

Porque todo depende, de según como se mire, todo depende.

«Depende» es una canción de 1998, yo tenía trece años por aquel entonces, estaba cursando la ESO. Y ahora estoy a punto de cumplir cuarenta. En primero de la ESO me cambiaron de centro porque en el anterior solo se cursaba hasta sexto de primaria. La entrada al instituto fue durísima, lo pasé realmente mal. Integrarme no fue nada fácil. Durante semanas llegaba, me encerraba en el baño y lloraba todas las mañanas. Nadie lo sabía, hasta que una profesora me pilló.

Con respecto a los estudios, la ESO fue la crónica de una (casi) muerte anunciada. Suspendía mucho y todo me costaba demasiado. Todos los veranos tenía que hacer esfuerzos extra por todos los ríos, capitales y fechas de guerras que no conseguía memorizar durante el año.

Spoiler: tengo una memoria de campeonato (no te lo tomes literalmente, es una metáfora, pero créeme que alucinarías. El año pasado terminé una formación recordando cómo nos habíamos sentado los veinticinco alumnos el primer día de clase). Lo que pasaba es que la historia, la geografía, las ciencias sociales y alguna que otra asignatura... no eran lo mío. No se me daban especialmente bien. No me interesaban.

Pero ¿sabes qué? Era muy buena en la parte creativa. Lourdes, mi profesora de Plástica, les dijo a mis padres una vez que había hecho unas fotos increíbles en uno de los trabajos. Se me quedó grabado porque pocas veces los llamaban para darles una buena noticia relacionada con las notas.

Una lástima que esa parte creativa no significara nada para el sistema.

También era muy rápida haciendo cálculo mental, pero la parte de aislar la *x* y la *y* ya era otra historia. Una lástima que el cálculo mental tampoco sumara puntos en mi caso.

Crecí pensando que de los tres hermanos era la única que se había olvidado algo en el vientre de nuestra madre al nacer. Si compartíamos genes, ¿cómo podían ser ellos tan listos y yo tan tonta?

Pero, pensándolo... ¿era tan tonta realmente?

«Depende, de qué depende / de según como se mire todo depende».

Yo crecí como la mayoría de nosotros pensando que el sistema educativo, tal y como estaba organizado, hacía una especie de selección natural entre tontos y listos en función del número de aprobados. Por lo que me habían contado, por las notas que iba sacando, los aprobados raspados por los que me iba librando y todo lo que recibía sobre las personas que repetían curso, era evidente que yo no estaba en el grupo de las listas, eso seguro. De hecho, ni siquiera sabía si iba a poder estudiar una carrera algún día.

Pero eso era solo una visión particular de la realidad, no la realidad en sí misma. Y de eso va la canción «Depende» o, en términos de *coaching*, a eso es a lo que se refiere la famosa frase «el mapa no es el territorio».

Existen tantas formas de ver y entender el mundo como personas. Y la forma en la que cada uno de nosotros lo hace está totalmente condicionada por lo que se denomina el mapa: nuestras creencias, educación, cultura, aprendizajes y experiencias. El mapa es una especie de filtro con el que recibimos la información, la interpretamos y la mandamos a nuestro cerebro, que vive totalmente a oscuras. Y a partir de ahí, con esa información sesgada, reaccionamos, decidimos y actuamos.

Pero esa información no es la realidad en sí misma, sino una versión de ella. Existen tantos mapas como personas, pero solo un territorio, una realidad. Así que, antes de meterte de lleno en esta aventura que puede (solo depende de ti) transformar tu vida y tu relación con el trabajo, es muy importante que entiendas que hay una diferencia abismal entre cómo percibimos el mundo y cómo es realmente. Porque si de verdad entiendes esto, si te lo crees, las alternativas en cualquier reto que se te ponga por delante se multiplican. Y de eso se trata. En todos los aspectos de la vida.

Hay un ejemplo que utilizo mucho en los procesos en los que acompaño con personas que me hablan de una mala relación con su jefe: «Me tiene manía, es que no ve nada de todo lo bueno que hago. Solo en la revisión de medio año me dijo que tenía un rendimiento por encima de la media. Qué mala gente, cómo se hace de rogar».

En vez de pensar que el jefe te tiene manía —ya te adelanto que no eres tan importante para él/ella y que tiene otras muchas preocupaciones más prioritarias—, les pregunto: ¿qué otras cosas crees que podrían estar pasando? Y entonces empiezan a observar desde otra perspectiva:

- «Es verdad que veo que está muy agobiado últimamente».
- «La cultura corporativa es muy *shark* y todos van a cuchillo».
- «En mi empresa se dice que cuidado con dar la mano porque te cogen el brazo».
- «Ahora que lo pienso, a mi jefa tampoco suelen darle *feedback*, no es algo que se lleve mucho en mi trabajo».

Si este fuera tu caso, y muy probablemente te habrá pasado: ¿qué interpretación te ayudaría a seguir adelante? ¿Y cuál te limitaría más?

¿Te das cuenta?

Recuerdo que hace ya muchos años estaba haciendo una formación para empezar en uno de esos trabajos temporales de verano que haces mientras estudias en la universidad. Era un curso de preparación para entrar en el equipo de atención al cliente de una gran empresa. Una auténtica locura, un campo de minas. Solo que yo todavía no lo sabía.

De repente se dieron cuenta de que se habían quedado cortos con la previsión de equipos, así que el anterior necesitaba refuerzos cuanto antes. Como consecuencia, redujeron nuestros días de formación y decidieron echarnos a los leones precipitadamente.

«Vamos a hacer hoy una mañana de dudas, todas las que tengáis, así avanzamos más rápido», dijo la formadora. Yo tenía mil, pero también tenía la mala costumbre de creer que si hablaba por esa boquita iba a decir una tontería. Le confesé mis nervios a una señora muy simpática que se sentaba a mi lado y que estaba curtida en este tipo de trabajos. Recuerdo que cuando se lo conté, me miró con cara de ternura como si escuchara a una de sus hijas y me dijo: «¿No crees que más tontería sería quedarte con la duda?».

En mi cabeza era totalmente lógico optar por quedarme en silencio, pues había interiorizado que cada cosa que decía desde hacía años tenía muchas papeletas de ser etiquetada como «absurda» o «tontería». Recordaba todas las veces que respondí con una capital de país que no correspondía, todas las preguntas sobre ríos que quedaron en silencio, o las veces que hablando de cultura general me traicionaron los nervios y terminé diciendo algo digno de una carcajada. Eran pistas suficientes para advertirme de que no era muy avispada y que ante la duda era mejor optar por callar antes que hacer el ridículo, y más con gente desconocida.

Para mi sorpresa, esa mujer veía el mundo justo al revés, y me planteó una seria duda: ¿era más tontería quedarme con la duda o arriesgarme a decir una parida? Y sin pensarlo mucho pregunté. Al final resultó que otras personas del equipo tenían la misma duda y me quité un peso de encima.

He pasado muchos años de mi vida pensando que no llegaba a la media solo porque, por algún bloqueo más emocional que cognitivo, no era capaz de retener cosas que no me generaban interés, como guerras mundiales, países o ríos del mundo.

«Soy justita», ese fue el pensamiento que estuvo en mi cabeza durante más tiempo del que debería, y el que condicionó mi forma de ver el mundo. Porque si eres «justita» corres el riesgo de hacer el ridículo, de decir algo inoportuno o de ser el hazmerreír en una reunión, por cagarla con algo tan evidente que hasta un niño de cinco años sabría.

Esa creencia para mí era una verdad absoluta y hacía que no preguntara, que hablara de menos o que a veces no me atreviera a participar. Así es como yo observaba el mundo, ese era mi mapa.

Y esa visión sigue a veces conmigo, aunque con mucha menos intensidad, porque ahora soy consciente de que no es real.

Piénsalo por un momento. Ahora es algo mucho más normal, pero ¿qué hemos pensado todas alguna vez cuando un amigo no nos ha respondido de forma inmediata un wasap o en su época un SMS? «Está enfadado».

¿O qué se dice de los compañeros de trabajo que no tienen ganas de quedarse al *afterwork* o a los amigos que prefieren estar en su casa el fin de semana leyendo o haciendo manualidades en vez de ir de parranda? «Qué soso, eres un ermitaño».

Las creencias son pensamientos u opiniones que interiorizamos como una verdad absoluta. Están tan arraigadas que simplemente las aceptamos como verdaderas sin cuestionarlas.

Hablamos de creencias limitantes o potenciadoras en función de si nos bloquean y condicionan para avanzar, o si nos motivan e impulsan en nuestras acciones. Las limitantes se convierten en obstáculos y las potenciadoras, en catalizadores.

Por ejemplo, algunas de las creencias limitantes más comunes, que seguro te sonarán, son:

- Soy demasiado mayor para empezar de cero.
- No soy suficientemente buena.
- Yo no sirvo para esto.
- Si no vas a ser la mejor ni lo intentes.
- Para tener éxito profesional tienes que sacrificar tu vida personal.
- Estudia una carrera y tendrás un trabajo seguro.
- No te fíes de los demás, te van a traicionar.
- Haz el bien y no mires a quién, el karma siempre vuelve.
- Siempre espera lo peor y así no te decepcionarán.
- Más vale malo conocido que bueno por conocer.
- No se puede tener todo en la vida.
- Siempre se ha hecho así.
- La vida no es justa.
- Ahorra para poder disfrutar de tu jubilación.
- Unos nacen con estrella y otros estrellados.

Piensa en cómo estas creencias u otras parecidas han podido condicionar tu vida. Y piensa también en cuál puede ser su origen, porque lo más curioso es que, muchas veces, nuestra vida está condicionada por un pensamiento que nada tiene que ver con nosotras.

Y lo mismo ocurre con creencias que, en vez de ser limitantes, son potenciadoras:

- Puedo conseguir todo lo que me proponga.
- Cada día es una nueva oportunidad.

- Tengo capacidad para esto y mucho más.
- Los desafíos son una oportunidad de crecimiento.
- Una derrota no es un fracaso, sino un paso más hacia el éxito.
- Todo tiene solución.

Las creencias son parte de nuestro mapa, lo condicionan, pero no siempre coinciden con la realidad objetiva (el territorio). Y para que compruebes por ti misma cómo pueden moldear tu percepción, quiero proponerte un ejercicio de programación neurolingüística enfocado a identificar y transformar, en este caso, una creencia limitante.

Te ayudará a entender mejor cómo puedes moldear tu mapa siempre que lo necesites para reflejar un territorio más amplio, con más oportunidades y nuevas perspectivas.

EJERCICIO

1. Piensa en una creencia limitante que sientas que ha condicionado tu vida.
2. Cuando la tengas, escribe esa creencia en tu cuaderno.
3. A continuación, piensa en posibles situaciones en las que esa creencia, en vez de solo bloquearte o ser un obstáculo, también pudiera ser potenciadora o útil. ¿En qué circunstancias o contextos podría beneficiarte?

   Por ejemplo: si sueles tomarte tu tiempo para tomar decisiones porque prefieres evaluar todas las posibilidades, serías una muy buena jueza, trabajarías muy bien en la gestión de programas de ciberseguridad o serías una buena médica porque serías muy concienzuda y meticulosa.

4. Cuando tengas el listado, te animo a compartirlo con otras personas y pedirles que sugieran otras situaciones en las que crean que tomarte tu tiempo para tomar decisiones (en el caso del ejemplo) pueda ser una ventaja e influir positivamente.
5. Al terminar el ejercicio, responde a estas preguntas:
   a. ¿Cómo crees que te ha limitado este pensamiento a lo largo de tu vida?
   b. ¿Cómo te has sentido al considerar que esa parte ti podría tener también aspectos positivos?
   c. ¿Cómo puedes aprovecharlo en adelante?

Este ejercicio te ayudará a darte cuenta de que tu percepción de la realidad es solo una entre otras muchas igual de válidas. Que cada una de estas percepciones está influenciada por lo que cada una haya vivido, experimentado o aprendido.

Si toda la vida te han dicho que eres muy lenta, insegura, incluso pesada por necesitar estructura, información y datos para tomar decisiones, sin duda has asociado ser metódica con ser lenta e insegura.

En cambio, si toda la vida te hubieran dicho que esta forma de ser es algo muy positivo porque significa que te tomas las cosas en serio, que ser analítica es una capacidad muy positiva para cierto tipo de profesiones y que además te serviría para momentos cruciales en tu vida, probablemente verías tu meticulosidad como una fortaleza en vez de un defecto.

Al cuestionar esta realidad te abres a nuevas alternativas y posibilidades que pueden transformar limitaciones en ventajas, y bloqueos en oportunidades.

Ser consciente de que el mapa no es el territorio requiere entender una diferencia que es fundamental: hechos *vs.* interpretaciones.

Esta distinción es clave para liberarnos de trampas que nosotras mismas creamos, porque la mayoría de nuestros miedos, bloqueos e inseguridades son el resultado de las interpretaciones que hacemos de lo que nos ocurre. Somos nuestras peores enemigas.

Fíjate en esto:

- Hecho = es un evento verificable, es decir, algo que puede probarse como verdadero o falso.
- Interpretación = es una opinión sobre un hecho, es subjetiva.

Por ejemplo:

- Mi jefe no me escribió al terminar la reunión (hecho), eso significa que está decepcionado con mi trabajo (interpretación).
- María no vino a mi cumpleaños (hecho) porque todavía está dolida por lo que le dije sobre su relación (interpretación).
- Me han llamado para decirme que no he pasado la entrevista (hecho), seguro que es porque no le caí bien a la chica de recursos humanos (interpretación).

Cada una de nosotras ha ido creando su propia base de datos, que filtra cómo vemos el mundo pero que no necesariamente refleja la realidad. Confundir nuestro mapa mental con el territorio nos limita y crea una visión del mundo que puede condicionarnos con creencias que podrían no ser ciertas.

Piensa de nuevo en el ejemplo del wasap que ponía al principio. La persona que tarda días en contestar puede no darle más importancia, pero la persona que espera una respuesta puede interpretarlo como una señal de que no es una prioridad en su vida. Esta interpretación puede generar un importante malentendido que provoque un distanciamiento y posible ruptura de la relación, cuando en realidad no hay una razón objetiva para hacerlo. ¿Merecería la pena? Lo que para mí podría significar un desplante imperdonable para ti podría ser una simple anécdota de la que ni te acordarás en unos años. Y si esto ocurre con algo tan simple como un mensaje, imagina el impacto que nuestras interpretaciones tienen en decisiones y circunstancias importantes de nuestra vida.

El diccionario personal que cada una de nosotras tiene es el que traduce toda la información que ocurre a nuestro alrededor de forma automática, pero nunca nos paramos a pensar si esa traducción refleja la realidad.

Si confundimos el mapa personal con el territorio, entonces estaremos limitando nuestra propia visión del mundo.

Diferenciar entre realidad e interpretación es liberador y te ayuda a tomar decisiones más alineadas con tus objetivos reales. Porque cada vez que cuestionas algo, te das la oportunidad de explorar nuevas posibilidades.

Con todo lo que sabes ahora sobre el mapa, el territorio y las creencias, estás preparada para ir un paso más allá. Porque no solo se trata de cómo estas nos afectan mentalmente, sino también del peso que cargamos con las expectativas, miedos y normas sociales que nunca cuestionamos.

Imagina por un momento cada interpretación errónea o decisión tomada «porque toca» como si fueran una piedra en una mochila. ¿Cuánto crees que pesaría la tuya? Y dime, ¿cuántas de estas piedras has ido sumando sin darte cuenta? Creencias sobre ti misma, sobre lo que deberías o no deberías hacer, incluso sobre lo que otros esperan de ti. Piensa en cada vez que te dijeron que no lo ibas a conseguir, que de los sueños no se vive o que no llamaras mucho la atención para ser aceptada.

Son cargas invisibles tan pesadas que muchas veces nos impiden soñar con algo distinto a lo que hace todo el mundo, a decidir algo que no sea lo esperado. Incluso nos obligan a renunciar a ilusiones por el miedo al qué dirán.

Cuanto más llenamos la mochila, más nos pesa y más nos cuesta movernos. Así que es momento de abrirla y ver qué hay dentro.

EJERCICIO

1. Dibuja la forma de una mochila en la siguiente página de tu cuaderno.
2. Ve escribiendo en ella todo el peso que sientes: las cargas, creencias, obligaciones, etc. (Ejemplos: no estudié Filosofía porque me dijeron que no se podía vivir de eso; dejé el tenis porque no era suficientemente buena; no opto a trabajos que piden inglés porque los idiomas no son lo mío; no sé si quiero tener hijos, pero todas mis amigas los tienen...).

3. Marca cuáles de estos pesos son realmente tuyos y cuáles son de otros o crees que pueden serlo (de la sociedad, de tus padres, de tus amigos o de los compañeros de la oficina).
4. Y ahora, dime: ¿Cuál ha sido y está siendo el precio de cargar con esa mochila?

   Deja en esta página tu mochila, suéltala y olvídate de ella hasta que termines el libro. Vuelve solo si:

   - Identificas otras cargas pesadas en las que no habías pensado.
   - Sientes miedo, no sabes de dónde viene y buscas respuestas. Puedes volver aquí para identificar el origen y decidir qué quieres hacer, mantener ese pensamiento (carga) o librarte de él para poder seguir adelante.

Tal y como estamos programadas, interpretar la realidad es inevitable, no es un botón que puedas apagar. Pero lo que sí podemos hacer es tomar consciencia y entrenar esta habilidad.

Nuestro mapa, la forma en la que interpretamos la realidad, funciona como un software. Y como cualquier software, tu mapa mental también necesita actualizaciones regulares para poder funcionar de manera óptima. Así que ahora que lo sabes, depende de ti empezar a hacerlo.

Quédate con:

1. «El mapa no es el territorio» abre un mundo de posibilidades: no hay solo una forma de ver las cosas, sino infinitas, depende de ti explorarlas para ser libre.
2. Sé jueza imparcial de tu propia realidad: ¿Solo existe esta verdad? ¿Cuántas más existen y cuál te beneficia más? Date el permiso de explorar.
3. Que siempre se haya hecho así no significa que no haya otras formas de hacerlo. Solo que nadie cuestionó si era o no la mejor.
4. No se trata de lo que está bien o está mal, de lo que es mejor o peor, sino de lo que funciona y es válido para ti.
5. El mapa funciona como un software y todos los softwares necesitan ser actualizados, porque si no el sistema deja de funcionar de forma óptima.

CAPÍTULO 2

EL ORDEN DE LOS FACTORES SÍ ALTERA EL PRODUCTO

Expectativas y relojes sociales

Crecemos y vivimos creyendo que hay un momento adecuado para cada cosa, y que, si te sales del guion es que algo estás haciendo mal.

Y es que uno de los factores externos que más condiciona nuestro mapa y que más influye en nuestra toma de decisiones son las expectativas y relojes sociales.

Desde pequeñas aprendemos que hay un camino «correcto» que debemos seguir para conseguir éxito y sentirnos realizadas. Un camino que no cuestionamos, simplemente asumimos y vamos tirando, casi por inercia. Y llega el momento en el que, con diecisiete años, sin tener ni idea de quiénes somos o qué queremos, nos piden que elijamos una carrera que muy probablemente condicionará todo nuestro futuro.

No solo no sabes quién ni qué, sino que no sabrías ni por dónde empezar. Porque nadie nos ha enseñado cómo funciona esto de conocerse, cuestionar, probar...

Hemos aprendido a vivir a base de *checks*, cumpliendo con cada una de las etapas marcadas.

Yo elegí Derecho básicamente por dos motivos: mi nota media no me daba muchas opciones, y dentro de las que sí, era la que, en teoría, más salidas profesionales tenía.

En mi mapa mental estaba claro: la necesidad por encajar en un patrón me llevaba como la corriente. No llegué a preguntarme si realmente quería o no estudiar una carrera porque eso era lo que se esperaba. Tampoco me cuestioné estudiar Derecho porque las alternativas para alguien como yo no eran mucho mejores. Mis malas notas de ESO y bachillerato iban a condicionar toda mi vida y yo no iba a rechistar, la verdad. Suerte tenía que al menos podía entrar a la universidad (nótese la ironía).

Después, una vez licenciada, buscaría unas prácticas en algún despacho y terminaría consiguiendo un contrato indefinido que me permitiría ahorrar para poder pagar una hipoteca e irme a vivir con mi pareja. En caso de tenerla, claro.

El resto de la historia, seguramente ya te la sabes. Y si te la sabes es que conoces perfectamente cómo funcionan las expectativas y relojes sociales.

Cuando hablo de relojes sociales me refiero al momento que se entiende como el adecuado para que ciertos sucesos vitales ocurran. Por ejemplo: se espera que a los veintitrés hayas conseguido tu primer trabajo, que antes de los treinta seas madre y que a los sesenta y cinco te jubiles.

Las expectativas, por otro lado, se refieren a cómo eso debería ocurrir. Por ejemplo: se espera que seas madre cuando tengas una pareja y un trabajo estable, se espera que consigas tu primer trabajo en una empresa reputada y en la que puedas crecer, o se espera que te jubiles con dinero suficiente para no tener problemas porque has hecho un plan de ahorro los años anteriores.

Yo no lo sabía, pero parece ser que ahora hay un término para referirse a esta idea de expectativas y relojes sociales: crononormatividad. Me lo contó Raquel en una de nuestras sesiones de *coaching* para explicarme que estaba sufriendo porque se veía sometida a un juicio constante por todas las decisiones vitales que necesitaba tomar. Se encontraba en un punto en el que se lo cuestionaba todo, incluso un trabajo que muchos envidiaríamos pero que a ella le estaba costando la salud.

«Crononormatividad» hace referencia básicamente al orden cronológico que se considera el adecuado para que determinados sucesos esperados ocurran. Es decir, qué toca hacer y cuándo y cómo toca hacerlo. Es una presión constante que vivimos todas en nuestro día a día en mayor o menor medida. A veces es sutil y otras es descarada. Pero va contigo a todas partes, en cada movimiento y cada decisión.

El ejemplo más claro que yo he tenido acompañando a mujeres en procesos de *coaching* es el de plantearse cuál era el mejor momento para ser madre, por miedo a que luego fuera demasiado tarde. Estoy hablando de mujeres a las que les gusta su trabajo y que también quieren formar una familia. Que tienen miedo de que una baja por maternidad pueda eliminarlas como posibles candidatas a una promoción o incluso dejarlas fuera de juego en su carrera.

También ocurre a la inversa: hay mujeres que deciden que quieren pausar su carrera profesional porque quieren pasar más tiempo con sus hijos y que se cuestionan hacerlo porque la sociedad espera que cuando termines la baja por maternidad te incorpores de inmediato al trabajo.

Recuerdo perfectamente el caso de Anita, una chica que me contactó por LinkedIn. Estaba embarazada por segunda vez, tenía ya un hijo de unos pocos meses y ahora se planteaba tomarse un año para poder dedicarse a su familia. Estaba tan preocupada por cómo poder justificar su año de parón cuando quisiera volver a incorporarse al mercado laboral que tenía miedo de tomar la decisión que de verdad le hacía ilusión.

La escuché durante una hora y estuvimos hablando. Le hice una serie de preguntas incómodas, compartí con ella casos de mi entorno de mujeres que se habían tomado un tiempo y que a la vuelta no habían tenido ningún problema en reincorporarse.

Al cabo de dos semanas Anita me escribió para darme las gracias: había decidido tomarse un año, y estaba feliz.

Cuándo le pregunté por curiosidad qué era lo que finalmente la había ayudado a decidirse, me contestó que una sencilla y muy oportuna pregunta le hizo hacer el clic: «¿Qué harías si no tuvieras miedo?».

Porque ahí está el quid de la cuestión: el miedo.

Muchas veces sabemos lo que queremos, pero el pánico al qué dirán por elegir diferente y por tanto el miedo a no encajar hace que el deseo pase a un segundo plano.

Pero ¿por qué tenemos esta necesidad de encajar? Básicamente por dos motivos: uno biológico y el otro psicológico. El primero porque encajar siempre fue necesario para la supervivencia y reproducción de los seres humanos. Y el segundo, porque sentirse parte de un grupo nos hace sentir seguras y valoradas, y esto tiene un impacto en nuestra confianza y autoestima al que es difícil renunciar.

Tómate unos minutos y piensa en una decisión que hayas tomado siguiendo estas pautas sociales preestablecidas y otra que fuera algo distinto a lo esperado.

Mientras en la primera seguramente sentiste confianza, seguridad, identidad, éxito e incluso felicidad; en la segunda probablemente todo era incertidumbre, desaprobación, juicios, dudas, incluso sensación de fracaso. ¿Me equivoco?

Claro, tomar decisiones según lo esperado tiene dos ventajas claras:

1. Nadie va a cuestionarte (confianza).
2. Si lo hace todo el mundo, será que es lo más correcto (aceptación).

En cambio, hacerlo contra todo pronóstico tiene riesgos:

1. Equivocarte y sentir que has fracasado (rechazo).
2. Que te lo echen en cara —«te lo dije»— y tengas que justificarte (ansiedad).

Pero llegadas a este punto necesito aclarar algo que seguramente te estarás preguntando: ¿los relojes y las expectativas sociales son siempre malos? Mejor dicho, ¿seguir lo que hace la mayoría es siempre negativo?

En absoluto.

Lo que es malo es hacer las cosas contra tu voluntad solo porque el mundo te hace creer que lo que tú piensas o quieres no es lo correcto o lo adecuado.

Y esto es lo que suele ocurrir cuando estás quemada en el trabajo. Que cuesta mucho tomar una decisión porque sientes la presión de estar condicionada por un único modelo de vida que es el que has conocido y que además ahora pone en tela de juicio cualquier alternativa que te propongas:

«Es demasiado tarde para empezar de nuevo».

«A estas alturas yo ya debería tener un puesto fijo».

«Mis amigas tienen una familia, yo ni siquiera sé si quiero tener hijos».

Cerca de los treinta años yo me reinventé profesionalmente, en un momento en el que mi círculo más cercano esperaba más que me presentara un día con una ecografía en la mano que diciéndoles que no era feliz y que iba a dejar los despachos de abogados para profesionalizar mi blog de manualidades, pues eso era lo que me hacía ilusión en ese momento.

Pero lo hice: creé un eCommerce desde cero con productos que cosía a mano en casa. Con mucho esfuerzo, la empresa empezó a crecer y a facturar. ¿Y sabes qué me preguntaba la gente?

No me preguntaban si era feliz o si me encontraba mejor. Me preguntaban: «¿Y tu carrera de Derecho?», «¿tantos años estudiando para esto?», «¿qué harás si no funciona?», «estás loca, ¿cómo has podido arriesgarlo todo de esta manera?».

No estaban preocupados realmente por mí o por mi carrera, sino más bien por cómo mis decisiones cuestionaban el único modelo que conocían, pues les obligaba a preguntarse si estaban conformándose con una vida que no les hacía realmente felices.

Mi cambio era una muestra clara de que existían otras opciones, y eso les incomodaba. La gente no quiere tener que replantearse nada, porque hacerlo requiere mucha valentía.

Y toda esta presión diaria de la que te hablo tiene todo que ver con quemarse en el trabajo. Tanto por cómo has llegado hasta ahí —o por quién— como por cómo o por quién sigues aguantando y eres incapaz de salir.

Justo lo que le ocurrió a Marcos.

Marcos me escribió por correo: «No sé si podrás ayudarme, pero no pierdo nada por intentarlo. No puedo más con esta situación».

Había hecho carrera de Marketing en grandes multinacionales, pero le habían despedido hacía dos meses, después de muchas semanas de angustia y de decidirse a pedir ayuda porque no podía más con la sobrecarga de trabajo que últimamente estaba asumiendo.

Se encontraba en un punto en el que no sabía qué hacer con su vida y se lo cuestionaba todo, incluso su carrera. Tras explicarme cuál era la situación, la mala relación con su jefe y el ambiente de trabajo en el que había tenido que sobrevivir, me comentó que tenía tantas dudas que incluso se estaba planteando empezar una carrera universitaria a distancia. Una que nada tenía que ver con el marketing.

Pero como suele ocurrir, esta idea que hacía que recuperara la ilusión por unos segundos era siempre algo muy fugaz a lo que restar importancia enseguida: «Creo que ya es tarde para dedicarme a lo que realmente me gustaría».

De nuevo volvemos a las expectativas y relojes sociales... ¿tarde con respecto a qué o a quién?

Para las personas que creen que se estudia una carrera para dedicarse a lo mismo toda la vida, si a los treinta y cinco quieres empezar de cero sí que vas tarde. Pero si hablas con quienes han pasado por una reinvención profesional porque simplemente sus vidas evolucionaron y sus intereses y prioridades cambiaron, estás en la edad perfecta para empezar a plantearte nuevos escenarios.

Si lo piensas, ahora tienes más criterio, más conocimiento y más experiencia que cuando tenías diecisiete años.

Sinceramente, yo no sé si tenerlo todo es posible. Lo que sí que creo es que hay muchos posibles de todo, y tienes que encontrarlos. Y, ¡ojo!, que eso lleva tiempo y energía. Y recalco esto porque somos unos consentidos. Queremos algo y lo queremos ya y de la forma en la que lo hemos imaginado. Y si no es posible hacemos como cuando teníamos cinco años, poner morros, cruzar los brazos, y decir: «Jo, para esto ni vengo».

Las cosas no son blancas o negras. Tendemos a pensar en soluciones en términos binarios: ¿Dejo el trabajo o no lo dejo? ¿Estudio otra carrera o me muero de asco?

El desgaste de Marcos era una lucha entre dos bandos: «cumplir con lo que se espera de mí» (expectativas y relojes sociales) *vs.* «la necesidad de salir de donde estoy porque quiero explorar».

En realidad, el foco de Marcos debería ser: ¿Cómo es la vida que quiero vivir? ¿Qué necesito para ser feliz? ¿Cómo puedo mejorar mi situación actual?

Las expectativas y relojes sociales son invisibles, pero calan muy hondo.

Y nos esclavizan de una forma de la que difícilmente seremos plenamente conscientes en algún momento de nuestras vidas. Están ahí, son silenciosas, pero aparecen en un amigo, en un comentario, en una reunión en la oficina, en un anuncio de la tele, un post en redes sociales... Te comen la cabeza de tal manera que siempre te quedarás con la duda de si esa decisión que has tomado es realmente por voluntad propia o por voluntad de otros a los que ni siquiera conoces. Es de risa, ¿verdad?

Déjame que comparta contigo otro caso para explicarme.

En uno de los procesos de *coaching* que acompañaba, Sofía me dijo que estaba quemada y que quería dedicarse a otra cosa, y no sabía muy bien lo que quería pero tenía claro lo que no quería. Sofía ocupaba una posición de *supply chain* en una gran empresa.

El caso es que me dijo: «Yo no tengo claro que me quiera dedicar a esto, además siento que mi vida está completamente volcada en el trabajo, como si no existiera nada más, y no soy feliz. No me imagino así los próximos años».

Cuando llegas a este tipo de reflexiones, después de un tiempo dándole vueltas porque no encuentras la forma de sentirte motivada, es necesaria una mirada hacia dentro. Si no imaginas así los próximos años de tu vida, entonces ¿cómo? ¿Por qué o por quién elegiste esa carrera? ¿Qué te hubiera gustado hacer? ¿Cuáles son los sueños que han quedado atrás? ¿Qué no te has atrevido a decir o hacer?

Las respuestas de Sofía fueron llegando, hasta que un día, después de mucho trabajo interno, me dijo: «¿Sabes qué, Andrea? A mí siempre me han gustado los animales, yo tendría que haber sido veterinaria».

Cuando se dan momentos de lucidez en los que sientes que te conectas con tu yo más auténtico, debes cogerlos fuerte con las dos manos para que no se te escapen, no puedes dejarlos pasar. Y esto no significa dejarlo todo para empezar de cero, sino explorar todas las formas viables de hacerlo posible.

Pero como no queremos pensar en alternativas, antes de empezar a crear posibles escenarios que sean realistas o con los que nos sintamos cómodas, preferimos tirar la toalla, no vaya a ser que nos hagamos daño: «Como ahora ya no puedo, lo dejo estar. En otra vida quizá». Y justo esto es ver la vida en blanco o negro.

Siempre hay matices, y creo que la gente más feliz en esta vida es la que sabe encontrar esos matices y consigue moldear su propio mapa. Yo quiero ayudarte a ser capaz de construir esos puentes cuando el escenario ideal no sea posible de forma inmediata. Porque simplemente se tratará de tener paciencia.

A esto me refiero cuando digo que no sé si es posible tenerlo todo, pero sí creo que hay muchos posibles de todo.

Siguiendo con el ejemplo anterior, si piensas que ser veterinaria es algo que deberías haber hecho, pensemos qué hay detrás de esa ilusión y cómo puede materializarse, aunque sea en otro formato.

- «Porque soy feliz cuando estoy con los animales. Yo siempre he tenido perros, no me imagino una vida sin ellos».
- «Hay muchos animales sufriendo y me encantaría dedicar tiempo a hacer más por ellos».
- «Quiero salvar vidas, creo que sería una gran labor».

Genial, ya tenemos algunos motivos, y me parecen más que suficientes como para no dejar escapar esta ilusión. El siguiente paso sería ver en qué forma puede integrarse este sueño, este plan que te entusiasma y que te hace recuperar la ilusión en tu vida. Aquí cabe todo, una lluvia de ideas con todo lo que se te ocurra. En este caso, hablando con Sofía hicimos un listado interesante sobre las diferentes maneras en las que alguien puede dedicarse a ayudar a los animales:

- Veterinaria
- Auxiliar veterinaria
- Ser casa de acogida
- Donar dinero a asociaciones

- Hacer de voluntaria en una protectora
- Difundir adopciones en redes sociales

Piensa que de lo que se trata aquí es de integrar algo de todo esto que te entusiasma en tu vida y ver qué ocurre.

No va de hacer cambios radicales, sino de hacer cambios importantes. De probar y ver si vas o no en la dirección correcta.

Tal vez ahora no puedas dejarlo todo para empezar de cero una carrera como Veterinaria, porque financieramente no es posible o porque simplemente no te apetece el esfuerzo, pero eso no significa que debas renunciar a quién eres y a vivir la vida con ilusión.

Yo siempre digo lo mismo: que los sueños no se pierden, sino que se entierran. Y, ¿adivinas dónde se entierran? Pues efectivamente, entre tanto reloj y expectativas sociales.

Mucha gente me escribe en redes sociales: «No puedo dejar el trabajo, tengo que pagar facturas», «si dejo el trabajo y me sale mal entonces qué hago, no se vive del aire», etc. Tengo mensajes y comentarios como estos constantemente.

Decide qué quieres hacer con tu vida y luego diseña un plan, pero no pongas límites antes de pensar en todas las posibles alternativas. Organízate, haz números y piensa en la cantidad que necesitas ahorrar y durante cuántos meses para poder arriesgarte con una red de seguridad con la que te sientas cómoda. Muévete, porque si sigues ahí entonces no habrá facturas que pagar, ni hipoteca, ni vida que costear, solo habrá un problema serio de salud, y lo demás ya no importará.

En resumen, las expectativas y relojes sociales no solo condicionan nuestras vidas, sino que además las limitan, estableciendo el cuándo y cómo deberíamos vivir según normas que no solo son arbitrarias, sino que, además, están incluso obsoletas.

¿El trabajo es el fin o el medio?

Otro de los factores que tiene un impacto directo en nuestra vida y en la toma de decisiones porque forma parte de nuestro mapa es el tipo de relación que tenemos con el trabajo. Con esto me refiero a definir qué papel tiene en nuestra vida y qué espacio ocupa en ella.

Déjame que me explique.

Un verano estaba pasando unos días en Formentera y buscaba un barco para hacer una ruta de unas cuatro horas una de esas mañanas.

Conocí a Oliver a través de una aplicación para alquilar chárteres. Oliver es una de esas personas que te hace sentir cómoda desde el principio, que sabe medir perfectamente cuándo tienes ganas de hablar o no, cuándo vas a querer un poco del melón fresco que ha traído del mercado o cuándo te estás mareando y necesitas tocar tierra firme.

Durante las horas que duró la excursión hablamos mucho de su vida en Formentera y de por qué se dedicaba a hacer estas salidas en barco. Con él entendí perfectamente la idea de que el trabajo sea el medio para vivir la vida que tú elijas.

Oliver quería ser libre y viajar por el mundo. Su pasión era conocer tantos lugares como pudiera todos los años que tuviera la energía y el dinero para hacerlo. Por eso había comprado un barco de segunda mano en el que invirtió algún dinero extra en modernizar y habilitar para poder pernoctar en puerto. Y eso es justo lo que hacía. Dedicaba los meses de mayo a octubre a trabajar a tope. Ahorraba durmiendo en el barco (y gastando poco en comidas porque según él se pasaba el día trabajando y apenas tenía tiempo). No sé si has estado en Formentera, pero hay mucho trabajo en verano.

El dinero que ganaba de mayo a octubre era para viajar por el mundo el resto del año. Él eligió esta forma de vida: no tener ataduras y sí libertad de movimiento. Y su trabajo le permitía poder hacerlo a nivel financiero, de tiempos y movilidad.

Cuando le conocí yo ya había terminado en mi antigua empresa y estaba remontando del *burnout*. Había empezado a crear contenido en redes sociales y tenía clics mentales bastante a menudo porque comencé a cuestionarme mucho de lo que creía... Y, sin duda, conocer a Oliver fue otro de los grandes clics.

«Qué curioso que exista una forma de vida en la que trabajar solo unos meses y el resto poder viajar», pensé.

Me di cuenta de que estamos acostumbrados a buscar primero un trabajo y luego a encajar toda nuestra vida alrededor de este. Un trabajo que, además, la mayoría de las veces es consecuencia de una carrera universitaria que elegimos cuando teníamos, ¿qué? ¿Diecisiete, dieciocho años? Esa no es edad para elegir nada y mucho menos una condena de por vida.

Y ojo, porque otras veces es todavía peor: es el trabajo que hemos podido conseguir. Y toca conformarse porque «suerte tienes con la que está cayendo de poder trabajar».

Estamos equivocadas, el trabajo no da sentido a nuestra vida; darle un sentido al trabajo es lo que hace que la vida tenga sentido.

Durante muchos años hemos aprendido a ver el trabajo como el centro de nuestra vida. Un empleo, tal y como yo lo recuerdo, era sinónimo de identidad y valor, de manera que el éxito de una persona era directamente proporcional a sus logros profesionales. Pero esa idea del trabajo, de la identidad profesional y de éxito vinculadas a tu posición, empresa o salario, ha quedado atrás.

Desde hace unas décadas todo está cambiando a una velocidad que es casi imposible de asumir. De hecho, mantenerse al día con las novedades y adaptarse a los constantes cambios en todos los ámbitos de nuestra vida puede ser abrumador.

Me refiero a cambios constantes y que tienen un gran impacto especialmente en el ámbito laboral: nuevos sectores, nuevas posiciones, formación tecnológica y la famosa inteligencia artificial, con herramientas que exigen que te actualices cuanto antes si no quieres sentir que te has quedado obsoleta.

El mundo está cambiando, y nuestras necesidades también. Por tanto ¿cómo vamos a seguir las reglas de un modelo que responde a una realidad que ya no existe?

La gente ya no tiene trabajos fijos para toda la vida hasta la edad en la que toque jubilarse. Los jóvenes saben que entran y salen de las empresas a veces a un ritmo vertiginoso porque no les queda otra. Las necesidades personales empiezan a imponerse, por suerte, por encima de las profesionales, y la gente empieza a cuestionarse todo lo conocido hasta el momento tratando de darle un mayor sentido a la vida.

Yo me di cuenta al conocer a Oliver: tiene que haber algo más.

Pero todavía estamos muy influenciados. De hecho, un día mientras cenaba con unos amigos recuerdo que hablamos sobre esto y alguien dijo: «Bueno, pero tenemos que trabajar, eso es una realidad, así que no sé si tenemos muchas opciones para elegir».

Estamos de acuerdo en eso, tenemos que trabajar, pero podemos elegir dónde y cómo. Cuando hablo de darle un sentido al trabajo yo no hablo de propósitos grandilocuentes o de misiones a Marte. Yo hablo de trabajos coherentes con la vida que eliges. Esto significa que el sentido de tu vida puede estar en el trabajo mismo, por ejemplo, dedicándote a algo que de verdad te guste y que disfrutas; o puede estar fuera del trabajo, de manera que ese sueldo es lo que te permita tener esa vida plena. A saber: el sueldo que tengo en mi trabajo me permite practicar deportes de aventura todos los fines de semana, tener una colección de vinilos antiguos y escuchar música todas las noches, darles una buena educación a mis hijos, poder ir a todos los conciertos alrededor del mundo de mi cantante favorita o acoger y ser voluntaria de una protectora de animales. En ese caso, el trabajo es el medio para que puedas vivir la vida como tú elijas. Y encontrar el adecuado, el que funcione para ti, depende de que hagas el trabajo previo oportuno: definir la vida que quieres vivir. ¡Y eso es lo realmente complicado!

Tengo una amiga que cambia de trabajo cada cierto tiempo, y siempre me escribe para decirme: «Me lo estoy pensando, pero no tengo claro qué debería hacer». Cada vez le respondo lo mismo, aunque sé que no le gusta: «¿Cuáles son tus planes de vida?». Piensa en eso y verás si te encaja.

No puedes dejarte llevar por las ofertas de trabajo que te van llegando sin criterio, por si cambian a tu jefe insoportable o por si van a darte un ascenso porque crean que, aunque no eres la más competente sí eres la *compi* más guay. Todo eso es externo a ti y en la mayoría de los casos no tendrás ningún poder de decisión sobre ello. Sobre lo que sí puedes influir y decidir es sobre el destino al que quieres llegar para luego definir qué pasos necesitas dar.

Y aquí entran en juego el autoconocimiento y el desarrollo personal. Porque solo podrás definir qué vida quieres vivir conociendo muy bien quién y cómo eres, qué te motiva y cuáles son tus prioridades.

A partir de aquí, podrás crear un marco de referencia que funcione como una especie de brújula para poder tomar decisiones y definir tu hoja de ruta.

El mayor miedo de las personas que están quemadas en el trabajo es tomar una decisión y equivocarse. Siempre pasa, y es normal. Pero si lo piensas, una decisión nunca va a ser cien por cien certera, en el sentido de que nunca vas a poder saber qué va a ocurrir de antemano ni tampoco lo puedes controlar. Lo que sí puedes decidir y controlar es si el lugar desde el que has tomado la decisión es desde quién eres realmente y qué quieres de verdad. Solo en este caso, pase lo que pase, será siempre una buena decisión. Porque aun cuando no salga como esperabas, al menos seguirá teniendo un sentido para ti: ser coherente con quien eres y lo que quieres.

Piensa por un momento en tu trabajo o el sector al que te dedicas. ¿Por qué lo elegiste? Déjame que adivine:

- Es lo que estudiaste.
- Pagaban bien.
- A esto se dedica tu padre/madre.

Pero seguro que no tuviste en cuenta:

- ¿Esto es lo que quieres hacer?
- ¿Esto es lo que se te da bien?
- ¿Este entorno te hace brillar?
- ¿Encaja con tus valores?

Las respuestas a estas preguntas son tu marco de referencia, tu brújula, y es justo lo que nadie nos ha enseñado a hacer. A priorizar lo que queremos hacer sobre lo que deberíamos hacer.

Por tanto, es totalmente lógico que ante una situación de crisis o dificultad pongamos el foco antes en las consecuencias que en las causas, en el origen. Y esto ocurre porque no tenemos ni idea de por dónde empezar, especialmente cuando se trata de «estoy mal en el trabajo», pues parece algo superficial que no tiene nada que ver con tu vida personal. Pero cuando te pones a indagar entonces es cuando se abre la caja de Pandora: «Yo nunca quise dedicarme a esto», «Lo que hago no se me da bien ni me interesa», «No quiero este tipo de vida», etc. No te imaginas cómo me duelen los «yo siempre había querido... pero me dijeron que eso era una tontería».

Recuerdo una vez que acompañé en un proceso de *coaching* a Diego, que trabajaba en una gran multinacional. Su currículo era impecable porque quería ser director general en unos años y había cuidado cada paso de su carrera y formación al detalle. Era de los de pedir consejo si querías llegar lejos, una persona muy bien valorada en todas las empresas en las que había estado. Solía ser considerado siempre por el equipo directivo un *high potential.*

Pues resulta que en una de esas empresas en las que la mayoría que quiera hacer carrera desearía entrar, se quemó. Había dejado de crecer y el día a día se había vuelto muy monótono. Trabajando con él un día me comentó que para él crecer no era un tema de título o de salario, sino de impacto. Le gustaba mucho su profesión, pero necesitaba ver que sus horas contaban, que su esfuerzo y sus decisiones podían generar cambios. Que se hacían tangibles en proyectos y resultados de negocio. Por desgracia, la posición directiva en la que estaba y el tipo de empresa requerían procesos demasiado burocráticos que hacían que todo tuviera que pasar por muchas manos hasta que se tomaba una decisión final y se pasaba a la acción. Y esto no solo hacía su trabajo aburrido, sino que además le quitaba autonomía. Demasiados palos en las ruedas.

El trabajo para él era el medio para lograr generar un impacto, para crecer y para verse evolucionar. El crecimiento y el éxito profesional son valores igual que la familia, la contribución o el bienestar, igual de válidos.

Así que un día le llegó una oferta de un tipo de empresa muy diferente. Era algo más parecido a una *startup* y conllevaba cierto riesgo. Podía salir muy bien pero también podía estropear una carrera brillante si daba un paso en falso, y nadie podía asegurarle poder reconducirla con éxito.

Estaba en la zona de miedo y control. ¿Cómo hago luego si esto sale mal? ¿Cómo vuelvo a la multinacional? ¿Qué explicaciones voy a dar?

Un día, después de darle muchas vueltas y de hablar largo y tendido sobre la identidad profesional, le pregunté:

A: ¿Qué te haría ilusión hacer mañana cuando te levantes?

D: Algo que me mantenga vivo y despierto. Quiero acción, quiero tomar decisiones, quiero equivocarme, acertar y hacer crecer el negocio.

A: ¿Qué impacto está teniendo ahora mismo en tu vida la situación actual?

D: Siento que el trabajo está acaparando mi vida. Le doy muchas vueltas. Me lo he currado mucho para llegar hasta aquí y quiero seguir aprendiendo, retándome... Si no, me parece que mi cerebro se quema, pasan las horas en el trabajo y siento que podría estar haciendo tantas otras cosas que me pongo de mal humor.

A: ¿Cómo te imaginas que podría ser el cambio?

D: Motivador. Es algo nuevo que sé que no será fácil, pero siento que hay algo dentro de mí que quiere intentarlo y ver si esa puede ser mi opción de carrera. Una empresa más ágil, menos burocrática, que me dé más autonomía para hacer y deshacer.

A: ¿Qué es lo peor que puede pasar?

D: Me da miedo no poder volver atrás y reconducir mi carrera para seguir en una multinacional si me arrepiento. También tengo cierta reputación y me he creado mi marca personal, igual después de este cambio ya no es tan sexy decir dónde trabajo o no me abre tantas puertas (identidad profesional) como hasta ahora.

A: ¿Qué podrías hacer si eso ocurriera?

D: Tengo buenos contactos, creo que podrían echarme una mano. También creo que toda mi carrera habría sido en balde, tengo quince años de experiencia y eso no se pierde de la noche a la mañana, imagino.

A: ¿Qué es lo mejor que podría pasar?

D: Que disfrutara del proyecto, que creciera y aprendiera. Quizá de ahí luego podría dar el salto a una posición como director general de una pyme y seguir estando muy cerca del negocio, que es lo que me gusta.

A: ¿Y cómo crees que cambiaría eso tu vida?

D: Recuperaría la motivación, estaría otra vez a tope. No soporto ver cómo mi tiempo se va a la mierda o que lo pierdo sin hacer nada.

A: Diego, ¿qué quieres hacer tú?

D: Quiero intentarlo.

Diego estuvo seis meses en la nueva empresa. Hubo mucho de lo bueno que predijo y también de lo malo. Al final el proyecto no fue como esperaba, de alguna forma se le quedaba corto. Se dio cuenta de que no le gustaba la burocracia, pero tampoco el desmadre y la desorganización de una empresa poco estructurada. Además, había poco presupuesto para poder accionar palancas y eso jugó en contra, tenía autonomía para decidir sin los medios para poder hacer.

¿Pero sabes qué fue lo mejor para Diego? Decidió en coherencia con quien era, con lo que era importante para él y lo que era en su momento una ilusión. No acertó con el tipo de proyecto, pero sí con la decisión: ahora sabe que esa opción profesional no es para él, y esto lo acerca más al tipo de vida que quiere vivir.

Diego ya no tendrá que preguntarse «¿y si...?». Además, volvió pronto a su carrera en una multinacional con unas condiciones que nunca hubiera imaginado a su edad.

Muchas veces nos paralizamos poniendo el foco en lo que sí queremos, pero igual de importante es empezar por descartar cuando lo tenemos claro. Porque así también es como se construye.

Las decisiones nunca van a ser certeras al cien por cien, ni las puedes controlar. Lo único que puedes hacer es darles el máximo sentido posible, y eso solo lo conseguirás siendo coherente con lo que eres, sientes y piensas.

Empieza por ponerte a ti en el centro y no al trabajo. Porque el trabajo debe ser el medio para llegar a un fin, pero no el fin en sí mismo.

No hay desarrollo profesional sin desarrollo personal

Escucho muchas veces hablar de desarrollo personal y profesional como si fueran lo mismo, incluso mucha gente a menudo los confunde. Pero no, no son lo mismo. Por eso antes que nada quiero explicarte cuáles son los cuatro pilares fundamentales de este proceso de transformación y cambio, en qué consisten y cómo se relacionan entre ellos. Porque de esta manera podrás entender no solo la diferencia entre desarrollo personal y profesional, sino el porqué de todo el recorrido que te propongo en este libro.

La premisa es clara: no puede haber desarrollo profesional sin desarrollo personal. Pero vayamos por partes, ¿cuál es el punto de partida?

Yo siempre hablo de un proceso de cambio o crecimiento integral compuesto por dos grandes áreas que forman parte de un todo:

- Área personal, que incluye el autoconocimiento y desarrollo personal.
- Área profesional, que abarca el desarrollo y el crecimiento en el ámbito laboral.

Estas dos áreas están profundamente conectadas. Sin tener una base sólida de trabajo personal, cualquier intento de desarrollo o crecimiento profesional carece de dirección y sentido. Este es el motivo por el que nos cuesta tanto tomar decisiones a nivel laboral, que no tenemos ni idea del qué y pretendemos definir el cómo.

Ahora vamos a ver los cuatro pilares en detalle.

Área Personal:

1. Autoconocimiento:

Es el proceso de explorar y entender quién eres (identidad) y cómo eres (cómo piensas, sientes y actúas), incluyendo:

- Tus creencias: son pensamientos que asumes como verdades absolutas y que tienes tan interiorizadas que funcionan como un automatismo en tu vida. Recuerda que pueden ser limitantes («es demasiado tarde para empezar de cero») o potenciadoras («puedo conseguir todo lo que me proponga»).

  Identificarlas te da la posibilidad de decidir cuáles quieres mantener y cuáles quieres cambiar.
- Tu personalidad y tus preferencias de comportamiento: tienen que ver con la forma en la que te comunicas, la manera de relacionarte con los demás, o incluso con los factores y detonantes de estrés. Tienen que ver con aquellos rasgos que te hacen ser tú. Es importante este punto porque conocerse te ayudará a tomar mejores decisiones tanto dentro como fuera del trabajo. Por ejemplo, si soy un perfil más introvertido, preferiré grupos de trabajo pequeños o roles más independientes. En cambio, si soy más extrovertida, es posible que elija entornos en los que pueda interactuar con otras personas de forma habitual y que sean más dinámicos.
- Tus fortalezas y debilidades: reconocer qué se te da bien de forma (casi) natural, en qué eres buena, y también en qué puedes mejorar o no te sientes tan cómoda. Por ejemplo, puede que seas muy buena comunicadora y que se te dé muy bien hablar en público (fortalezas), pero que, en cambio, ser metódica o estructurada no sea tu fuerte (debilidades).

  Conocer tus fortalezas y tus debilidades te permite usar esas características a tu favor y trabajar en tus áreas de mejora.

- Tus valores: qué es lo realmente importante para ti, el porqué de tus decisiones y acciones. Son valores la integridad, la familia, el éxito profesional, la organización, el bienestar o la autoestima, entre otros.

  Definir tus valores te ayuda a alinear tus decisiones con tus prioridades.
- Tus intereses y pasiones: son aquellas actividades que te hacen vibrar, con las que pierdes la noción del tiempo. Algunos ejemplos de intereses o pasiones podrían ser el marketing, la IA, el arte, la lectura o el emprendimiento.

  Son fundamentales para orientar tu vida en una dirección que te motive y te ilusione.
- Tus emociones: cómo las identificas, comprendes, regulas y expresas.

  Conocerlas te facilita gestionar tus reacciones y relaciones con el entorno y los demás.

2. Desarrollo personal:

Este pilar se refiere a qué quieres conseguir y cómo puedes hacerlo. Es la aplicación del autoconocimiento para definir la vida que quieres vivir y trabajar en las áreas de mejora y desarrollo para conseguirlo.

En este caso me refiero principalmente a:

- Mejora o desarrollo de habilidades.
- Resiliencia y gestión del cambio.
- Bienestar emocional y físico.
- Metas y planificación.
- Comunicación y relaciones interpersonales.

El autoconocimiento es el proceso en que descubres y conoces tu identidad. El desarrollo personal, en cambio, tiene que ver con elegir qué hacer con esa identidad. Es decir, con definir las decisiones y acciones que llevas a cabo para poder vivir esa vida que has elegido.

Si no fuera así, el autoconocimiento se quedaría solo en teoría, simple información.

Área Profesional:

- Desarrollo profesional: diseñar cuál es tu modelo de trabajo y prepararte para ello.
- Crecimiento profesional: descubrir cómo puedes avanzar, progresar y generar impacto en tu carrera.

1. Desarrollo profesional:

Es la aplicación del desarrollo personal en el ámbito laboral. Sin tener una base clara de quién eres y qué quieres, avanzar profesionalmente puede ser caótico o insatisfactorio.

Se trata de diseñar de forma consciente y coherente tu camino profesional.

El desarrollo profesional tiene que ver con la forma en la que consigues sentirte satisfecha con tu trabajo, y esto lo consigues por dos vías:

- Definir el tipo de trabajo y condiciones que se adapten al tipo de vida que eliges vivir.
- Identificar qué habilidades y conocimientos necesitas tener o mejorar para conseguirlo.

Quiero que veas la diferencia entre dos enfoques:

Enfoque tradicional: «El trabajo en el centro». Al terminar la carrera / grado una persona que ha estudiado ADE decide hacer un MBA porque es lo que toca a pesar de que no le motiva especialmente. Lo han hecho todos los que antes que ella han llegado lejos en su sector, así que su siguiente paso será ascender dentro de la empresa porque es lo que se espera. En ningún momento se ha planteado si ese modelo de vida es lo que realmente quiere o si le hará feliz.

Enfoque consciente: «La persona en el centro, el trabajo como medio». En cambio, otra persona cuya prioridad es la flexibilidad porque quiere pasar más tiempo con su familia, en lugar de aceptar un ascenso en su empresa actual, que implicaría más sueldo, pero también más horas, decide formarse con un MBA para desarrollar nuevas habilidades que le permitan trabajar como consultora *freelance* y tener más control sobre su tiempo.

En el segundo caso existe un plan elegido.

El objetivo es conseguir satisfacción y bienestar laboral sabiendo qué necesitas y encontrar la forma en la que mejorar para ser más empleable y poder elegir.

2. Crecimiento profesional:

Tiene que ver con tu visión a largo plazo.

El crecimiento profesional es la evolución dentro del camino profesional que has elegido y que se traduce en mejores oportunidades y avances significativos en tu carrera.

Es decir, consiste en pasar de qué tipo de trabajo encaja con la vida que quiero, a cómo evoluciono y progreso dentro de ese modelo.

Para asegurarme de que estos cuatro conceptos están claros, permíteme sintetizarlos:

- Quién y cómo soy (autoconocimiento).
- Qué vida quiero vivir y qué tengo que hacer para lograrla (desarrollo personal).
- Qué tipo de trabajo me da bienestar y satisfacción (desarrollo profesional).
- Crecimiento y progreso en el ámbito laboral (crecimiento profesional).

La clave es empezar por descubrir quién eres para poder elegir la vida que quieres vivir, fijar los objetivos necesarios para lograrla y, solo después, encajar el tipo de trabajo que te permita conseguirlo. No al revés.

Quiero ponerte un ejemplo para que lo veas claro: imagina a Claudia.

Autoconocimiento: Claudia es una persona con una gran habilidad para comunicarse, es carismática y le gustan los retos. Creativa desde muy pequeña y con poca aversión al riesgo, inquieta, muy enfocada a la acción y soñadora. Licenciada en Telecos, trabajó durante muchos años como directora de proyectos en una empresa de transporte. Claudia no es la persona más organizada y metódica del mundo, pero tiene una visión y habilidad especial para la innovación. En su tiempo libre, a Claudia le encanta bucear en YouTube entre canales del mundo tecnológico y empresas de nueva creación.

Desde pequeña siempre quiso ser su propia jefa, en sus palabras: «Para hacer y deshacer como me dé la gana. No quiero que nadie me corte las alas».

Desarrollo Personal: El sueño de Claudia es entrar en el ecosistema emprendedor de Silicon Valley con su propia *startup*, un proyecto que quiere que tenga un impacto social y cuyo objetivo es reducir el uso de plástico en los envases. Eso sí, es muy consciente de que para conseguirlo necesita rodearse de gente con más experiencia en el sector, para que puedan guiarla, y dinero para poder arrancar.

Desarrollo Profesional: Para lograr su objetivo, Claudia decide mantener su puesto en la empresa actual porque le permite seguir vinculada a proyectos de innovación y además generar esos ingresos que necesita para hacer viable su plan financiero. En cuanto a formación, ha decidido matricularse en un máster de negocio digital para aprender del mundo del emprendimiento, y también ha empezado a apuntarse a eventos que se organizan en el ecosistema *startup* para hacer *networking* y conocer a posibles futuros inversores.

Crecimiento Profesional: Claudia quiere crear su propia empresa con impacto social pero además convertirse en un referente femenino del sector tecnológico. Para conseguirlo cree que lo mejor es definir un plan a tres años para trabajar en tres pilares básicos: aprender inglés para comunicarse de forma más fluida con inversores internacionales, viajar alrededor del mundo para dar a conocer su proyecto, y conocer a los mentores más *top* para que le ayuden a llevar su empresa al siguiente nivel.

En resumen:

- Tu trabajo es el medio para conseguir un fin, así que empieza por definir cuál es ese fin.
- Tus decisiones profesionales deberían estar alineadas con quién eres, qué te motiva y cómo quieres vivir.

Ahora bien, ¿cómo tomar decisiones profesionales que sean coherentes? Aquí es donde entra en juego tu marco de referencia para diseñar tu propia hoja de ruta.

¿A qué me refiero cuando hablo de hoja de ruta? A tener un plan estratégico de vida, a dejar de conformarte con cualquier dirección. Te mereces mucho más, te mereces poder elegir un camino y seguirlo. Una hoja de ruta es una definición de vida con la cual te comprometes hasta que tú consideres.

Imagina que eres una persona a la que le gusta viajar, ver mundo y conocer otras culturas. Te gustaría vivir en sitios diferentes, porque para ti es vital tener libertad, experiencias y disfrutar. Tu plan de vida está claro: los siguientes dos años quieres conocer mundo.

Si cambias el trabajo en remoto por presencial, empezarás a quemarte porque ese entorno y condiciones no están alineados con tus planes vitales, y son de hecho un bloqueo importante para lo que quieres, que es viajar libre por el mundo. Así que el siguiente paso está claro: buscar un trabajo cien por cien remoto para poder moverte.

¿Entiendes ahora cómo funciona el círculo virtuoso del desarrollo personal (incluyendo el autoconocimiento) y el desarrollo profesional? Aquí la pregunta clave es: ¿para qué estoy en este trabajo y no en otro?

Por ejemplo:

- «Me veo crecer y evolucionar».
- «Disfruto llevando equipo».
- «Tiene un impacto beneficioso en la sociedad y en el cambio climático».
- «Puedo correr maratones alrededor del mundo».
- «Puedo permitirme asistir a clases de pintura con un artista internacional todas las semanas».
- «Quiero tener familia numerosa».
- «Quiero comprarme una casa en la montaña porque mi sueño es retirarme ahí».
- «Esta empresa tiene mucho renombre y me hará crecer y ser mucho más empleable, podré elegir dónde trabajar».
- «Así invierto dinero en bolsa que es lo que me apasiona».
- «Puedo pagarle a mi hijo una escuela en el extranjero en verano para que aprenda inglés».

Todos estos ejemplos tienen un denominador común: un plan ligado a unos valores (autoconocimiento + desarrollo personal). Algunos de los valores para que puedas relacionarlos en estos casos serían: crecimiento, empatía, contribución, creatividad, familia, calma o éxito profesional.

Una vez que los tengas claros, el siguiente paso es averiguar cómo conseguir un trabajo que encaje con tu hoja de ruta y tus necesidades (desarrollo profesional):

- Formación técnica
- Certificaciones
- Habilidades de liderazgo
- Gestión del cambio y resiliencia
- *Networking*

Si el trabajo es el medio para un fin, necesitas primero entender quién y cómo eres para decidir qué quieres conseguir y cómo puedes lograrlo, para después buscar el trabajo que te permita conseguirlo.

> No hay desarrollo profesional sin desarrollo personal, porque solo con un enfoque integral que combine el desarrollo personal con el profesional se consigue satisfacción laboral y realización personal. Es cuestión de coherencia.

Si tus decisiones en el ámbito laboral están basadas en un entendimiento profundo y real de quién eres, tus capacidades, tus intereses y prioridades, muy probablemente podrás evitar las problemáticas que con frecuencia conducen a la insatisfacción profesional y en consecuencia vital.

Igual que Claudia, cada una de nosotras necesita dedicar el tiempo necesario a entender realmente quién es y qué quiere hacer con su vida en vez de seguir avanzando por inercia. Esto no va de éxito o reconocimiento externo, sino de vivir la vida que te mereces.

El marco de referencia

Tomar decisiones suele ser uno de esos trámites que puede complicarse con facilidad. Si a veces ya resulta difícil decidir qué queremos cenar, qué te voy a contar sobre decidir si cambiar o no de trabajo, si tener o no esa conversación pendiente, incluso si mandar o no a la mierda a ese «amigo».

El bloqueo siempre es el mismo: miedo a arrepentirnos. Miedo a que la otra opción hubiese sido mejor. Miedo a que no haya vuelta atrás, a ir de mal en peor.

Pero si lo piensas, ese miedo de alguna forma es absurdo, porque nunca vas a poder comparar, nunca podrás saber qué opción habría sido la mejor para ti porque aquello con lo que quieres comparar nunca habrá ocurrido. Es verdad que una decisión puede cambiar tu vida, pero te adaptas a lo que has elegido y desde ahí construyes tu camino.

Y precisamente porque nos da tanto miedo, buscamos la respuesta en otras personas y empezamos a preguntar selectivamente a nuestro círculo más cercano. Honestamente, cuando hacemos esto no creo tanto que busquemos otros puntos de vista, sino más bien una confirmación. Hay una llama dentro de nosotras que dice hacia dónde hemos de ir, solo necesita un chispazo para terminar de encenderse, y ese chispazo es una opinión o un punto de vista que nos ayuda a seguir.

La respuesta siempre está dentro de nosotras, incluso cuando parece que no hay respuesta.

El problema es que hay demasiado ruido ahí fuera y escucharse es muy complicado, y por eso es tan importante estar bien preparada. Y justo para eso está el marco de referencia, que es de lo que te quiero hablar en este capítulo.

Tu marco de referencia es como un libro de instrucciones que tienes que crear tú misma, que te ayudará no solo a trazar un plan, sino a resolver los momentos en los que te sea más complicado decidir cuál es la dirección. Es una guía de coherencia y claridad entre lo que haces y la dirección que has elegido tomar.

Me he dado cuenta de que la vida va de hacerse preguntas y buscar respuestas. Y digo «buscar», que no es lo mismo que obtener, porque las personas cambiamos y evolucionamos con el tiempo y nuestras respuestas cambian con nosotras.

Y es genial que esos cambios ocurran. Son necesarios.

Por eso mismo cada una de nosotras tendremos que ir adaptando y reescribiendo nuestro marco de referencia cuando sea preciso, para que esté siempre alineado con la persona que somos en cada etapa de nuestra vida.

El marco de referencia son líneas guía para tomar las decisiones que nos parece que no somos capaces de tomar cuando no tenemos una dirección clara.

Y es justo aquí donde entra en juego la importancia del autoconocimiento y el desarrollo personal. Si vas a arriesgarte, si vas a renunciar —porque al final decidir también es renunciar—, hazlo convencida, hazlo sabiendo que lo haces por un motivo, y que ese motivo eres tú, tus valores y lo que es importante para ti.

Imagina por ejemplo que ahora para mí lo más importante es el descanso. Hace muchos años que siento que voy todo el día agotada, que no me encuentro bien porque no duermo, que estoy más irritada y pierdo la paciencia más rápido porque el cansancio me hace estar más irascible. Sé que dormir por la noche me ayudará a rendir mejor, a estar más presente, a ser más paciente y a disfrutar más porque no estaré de mal humor por falta de sueño. Así que en este punto de mi vida he decidido priorizar dormir mejor.

Dormir bien es imprescindible, pero implica hábitos y cambios importantes conseguirlo. Necesito una rutina del sueño, irme a dormir y levantarme a la misma hora todos los días. No hacer actividades que me alteren a última hora del día. Cenar poco para poder hacer mejor la digestión, no beber cafeína a partir de cierto momento de la tarde, etc. Hay muchos cambios que pueden hacerse para lograr dormir mejor, ¿verdad? Sin embargo, este cambio implica por ejemplo que no voy a ir a cenar fuera entre semana, que no puedo ir a los partidos de fútbol a una hora de mi casa que sean a partir de las 22.00 y que el fin de semana me convendrá evitar tomar alcohol durante la cena. Estas son renuncias que estoy dispuesta a hacer porque mi prioridad es descansar mejor por la noche. Y hacerlo me genera una sensación de paz interna, de confianza y claridad.

Al final, este marco de referencia, construido a partir del conocimiento que tenemos sobre nosotras mismas, actúa como una especie de brújula que nos orienta en cada paso que damos. Y no solo nos ayuda a tomar decisiones con confianza y claridad, sino también a aceptar las renuncias que cada una de esas elecciones implica.

Por tanto, establecida una base sólida de quiénes somos y qué queremos, construimos y creamos esa vida que decidimos vivir.

Mucha gente quemada en el trabajo me dice que no puede hacer nada porque tiene hijos o hipoteca. Que no hay alternativa para ellos y que por tanto no merece la pena siquiera intentarlo. Están dispuestos a «conformarse» con una vida de estrés y ansiedad como la que llevan tiempo sufriendo. Y no se lo merecen. Nadie se lo merece.

Pero la cuestión con toda esa gente es que necesitan cambiar el chip. No digo que esos dos factores no sean importantes; lo que digo es que por más que lo sean, si no cambias nada, probablemente seguirás pagando una hipoteca y el colegio de tus hijos, pero no estarás presente o estarás de mal humor con ellos, y no disfrutarás de tu casa porque no tendrás tiempo o solo la estarás pagando para poder acostarte al salir de trabajar. Esto es lo que ocurre con las personas que están quemadas en el trabajo y no deciden pasar a la acción.

Yo siempre pongo el mismo ejemplo: si inviertes en ti misma, en un buen trabajo y en un proceso de autoconocimiento y desarrollo personal, tienes muchas más probabilidades de tomar decisiones más acertadas. Cuanto mejor decides, más motivada estás, más feliz eres. Y si eres feliz en el trabajo, por ejemplo, te vuelves mucho más competente porque tienes más reconocimiento y ganas de mejorar.

¿Sabes qué se consigue siendo más competente? Ser más empleable, tener más valor en el mercado. Y esto se traduce en posibilidades de elegir trabajo y condiciones. Así que no me digas que vas a seguir soportando estar mal en un trabajo porque tienes que pagar una hipoteca, porque irónicamente es mucho más probable que termines en la calle.

El marco de referencia cumple una doble función: ayudar a tomar decisiones desde la confianza y seguridad en una misma, reduciendo la parálisis por análisis, y disminuir el miedo a arrepentirnos al elegir de una manera más coherente.

Este enfoque te ayuda a vivir de una forma más responsable y menos reactiva, asegurando que tus decisiones sean un fiel reflejo de quién eres y lo que es importante para ti.

Este punto es fundamental en un mundo en el que las distracciones y el ruido externo pueden jugarnos una mala pasada fácilmente y desviarnos de nuestros objetivos más auténticos.

Invertir tiempo y energía, incluso esfuerzo, en el autoconocimiento y en la construcción de estas bases nos ayuda a mejorar nuestra autoestima y capacidad para tomar decisiones, con un impacto directo en nuestra resiliencia y habilidad para vivir una vida coherente, auténtica y plena.

Quédate con:

1. Hemos aprendido a vivir a base de *checks* cumpliendo con cada una de las etapas marcadas como si nuestra vida fuera solo una lista de cosas pendientes.
2. Que no veas las cadenas no significa que no existan. Las expectativas y relojes sociales se heredan. Pregúntate la vida de quién estás viviendo.
3. El orden de los factores sí altera el producto: no se trata de hacer que toda tu vida encaje con el trabajo, sino de hacer que el trabajo encaje en el tipo de vida que quieres vivir.
4. Descubrir quién eres te permite decidir qué vida quieres vivir. Y solo desde ahí puedes diseñar un camino profesional que tenga sentido para ti.
5. El miedo a decidir desaparece cuando tienes claro quién eres y qué es importante para ti. No se trata de acertar, sino de construir el camino.
6. No sé si es posible tener de todo, lo que sí sé es que hay muchos posibles de todo. Esto no va de hacer cambios radicales, sino cambios importantes.

CAPÍTULO 3

TU MARCO DE REFERENCIA

De nada sirve saberse muy bien la teoría si no pasas a la práctica, así que en este capítulo vamos a centrarnos justamente en eso, en empezar a pasar a la acción.

Será principalmente práctico porque vas a trabajar en el área personal de tu marco de referencia, y esto significa que vas a empezar a poner el foco en el autoconocimiento y el desarrollo personal.

Ahora sí empieza el cambio de chip, porque en estas páginas voy a guiarte para que seas capaz de construir las bases de tu propio mapa, que son las que te servirán como brújula para decisiones futuras, tanto personales como profesionales.

Si estás leyendo este libro, estoy convencida de que tu problema no tiene que ver solo con el trabajo, sino con algo más profundo, y vamos a ocuparnos de eso. Quiero que al terminar estas páginas tengas más claridad, más coherencia, más conocimiento y sobre todo más herramientas para pasar a la acción. Se trata de un proceso integral, porque focalizarse «solo» en el trabajo sería como ir al médico por un dolor de cabeza y que te recete pastillas para el ardor de estómago. El trabajo suele ser el detonante, pero en la mayoría de los casos no es el problema de raíz.

Para que me entiendas, una mala relación con tu jefe muchas veces tiene que ver más con la necesidad de control o con la falta de confianza en tus capacidades que con el hecho de que sea una mala persona (que también puede pasar). Y esto no se soluciona cambiando de trabajo, sino trabajando desde la identidad.

De igual manera, aunque no siempre sea la única solución, puede ocurrir que cambiar de trabajo sí sea tu mejor alternativa. Pero muchas veces, aun sabiéndolo, nos empeñamos en quedarnos en ese trabajo porque nos hemos acostumbrado a esas emociones negativas y hemos normalizado estar mal, así que mejor malo conocido que la incertidumbre de empezar de cero.

Estar mal en el trabajo no es normal, aunque se haya normalizado.

Antes de empezar, recuerda dos cosas: que esto no va de encontrar soluciones rápidas, sino efectivas y sostenibles en el tiempo para que el problema no se perpetúe en el futuro.

Y que este no es un proceso definitivo, porque todo lo que vas a trabajar evoluciona y cambia contigo, así que no tengas miedo de empezar a decidir. Suelta el control.

Te recomiendo que hagas los ejercicios en un momento de calma, en el que tengas bien despiertos los cinco sentidos. Incluso que crees un pequeño ritual antes de empezar: un té, una *playlist* que te inspire, un espacio sin distracciones, una vela aromática..., cualquier cosa que te ayude no solo a poner el foco, sino a disfrutar de este momento.

Porque este es un proceso para disfrutar, ya lo verás.

Recuerda que esta primera parte práctica está centrada en autoconocimiento y desarrollo personal. En concreto trabajarás en cuatro pilares clave de tu identidad: el perfil personal, los intereses, los valores y los objetivos.

Es muy importante que sigas el orden que te propongo y que no te anticipes. Al finalizar el capítulo, si has hecho el trabajo, tendrás en tus manos tu primera versión de tu marco de referencia.

Quién eres

Ser auténtica es clave para tener una vida equilibrada y plena. Porque solo siendo coherentes con nosotras mismas es posible vivir de verdad.

Se nos ha olvidado vivir porque hemos olvidado quiénes somos. Ser auténtica debería ser lo más sencillo, y en cambio resulta ser lo más complejo hoy en día. Nos hemos convertido en una especie de zombis que viven por inercia sin cuestionarse si la vida que tienen, o lo que hacen, es de verdad algo que desean o que han elegido. Al final, las crisis existenciales no son más que una «última llamada» para que despiertes y te permitas empezar a vivir de verdad de una vez. Porque te lo mereces.

Ser auténtica es la consecuencia de conocer quién eres y cómo has llegado hasta aquí. Tiene que ver con ser fiel a tu identidad, con conocerte y darte el permiso de elegir cómo quieres que sea tu vida para poder ser feliz.

Por eso el primer pilar en el que vas a trabajar es el perfil personal, y lo harás de dos maneras: entendiendo cómo tus experiencias y entorno te han traído hasta aquí, e identificando cuáles son tus puntos fuertes y tus debilidades.

Parte I: Tu historia

Ahora mismo tu identidad es como una cebolla. Necesitas eliminar capas y capas para llegar a tu esencia. Esas capas, tal y como sabes ahora, están formadas por creencias heredadas, experiencias pasadas, etiquetas impuestas, los famosos «porque toca» o las expectativas de otros. Por eso lo primero que necesitas es entender cómo has llegado hasta aquí y cuál es tu historia.

EJERCICIO: HISTORIOGRAMA

Objetivo:

Este ejercicio te ayudará a:

- Identificar los momentos clave que han definido quién eres hoy.

- Reconocer patrones en tus decisiones y comportamientos a lo largo del tiempo.
- Valorar los logros que han ido moldeando tu identidad.

Instrucciones:

Dibuja en tu cuaderno un gráfico con dos líneas, una horizontal y otra vertical (debería ser como una especie de L). La línea horizontal representa la línea cronológica de tu vida, que va desde tu nacimiento hasta el día de hoy, el momento actual. La línea vertical, con una escala del 1 al 10, representa el nivel de satisfacción.

Voy a pedirte que antes de empezar pienses en el significado que tiene para ti «satisfacción» y lo escribas. Algunas personas piensan en satisfacción en términos de «felicidad», «plenitud» o «éxito». Otras la relacionan más con la idea de calma o paz mental. Encuentra la definición que te represente y sea válida para ti, porque será la única importante.

La satisfacción para ti es: ______________________________

____

Paso 1: Dibuja tu línea de la vida

Incluye en el gráfico todos los eventos que hayan sido significativos en tu vida, desde que naciste hasta el día de hoy; cuantos más, mejor. Pueden ser logros, cambios o decisiones importantes, aprendizajes, experiencias que te marcaron, etc. Sucesos tanto personales como profesionales. No importa si fueron positivos o negativos, simplemente que tuvieran un impacto en quién eres hoy.

Por ejemplo: graduaciones, cambios de carrera, mudanzas o viajes que te marcaron, relaciones importantes, momentos de crisis o transformación, relaciones o decisiones que cambiaron el rumbo.

¿Cómo completar el gráfico? Coloca los eventos de la siguiente forma:

1. En orden cronológico en la línea horizontal.
2. En función del nivel de satisfacción (0 a 10) en la línea vertical.

Paso 2: Marca patrones y aprendizajes

Coge dos rotuladores o subrayadores de colores distintos y utilízalos para relacionar, destacar o puntualizar algunos de los eventos clave que has añadido al ejercicio. Por ejemplo, aquí te dejo algunas ideas:

- Diferenciar eventos positivos y negativos. (Podrías usar el color verde o azul para los primeros, y el rojo para los segundos).
- Resaltar aquellos eventos que fueron un punto de inflexión en tu vida.
- Relacionar eventos similares. Puedes agruparlos por colores según estén relacionados con familia, carrera, hobbies, crecimiento personal, etc.
- Te pongo un ejemplo de cómo quedaría.

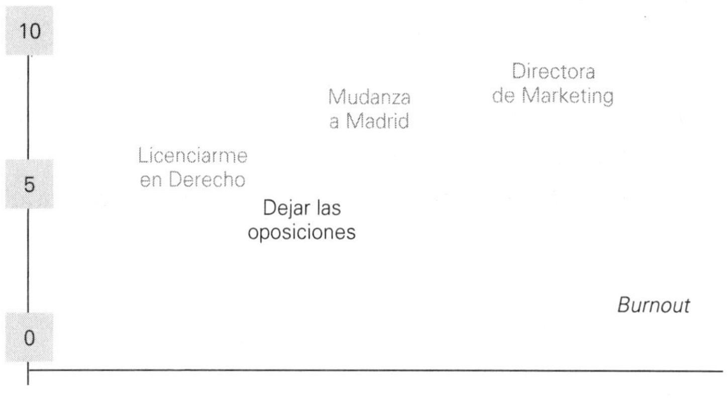

He añadido al gráfico algunos de los sucesos más significativos de mi vida y también los he relacionado con la escala de satisfacción. Por ejemplo, licenciarme en Derecho tenía mérito para mí después de mi mala experiencia como estudiante, aunque estaba claro que no era mi ilusión ser abogada, y el tiempo me dio la razón. En el caso del cambio de ciudad, los tres años que viví en Madrid fueron increíbles para mí y supusieron un cambio importante a nivel tanto personal como profesional.

En cuanto a colores, yo en el ejemplo he usado un color más claro para los acontecimientos que para mí fueron positivos emocionalmente y un tono más oscuro para aquellos que de alguna manera fueron más dolorosos. A veces, algo puede ser duro emocionalmente, pero reportarte cierta satisfacción. En mi caso, dejar las oposiciones fue un momento muy complicado, principalmente porque lo hice por miedo, pero al final, y a pesar de todo el esfuerzo que supuso, me atreví a hacerlo confiando en que encontraría otro camino.

Paso 3: Reflexiona sobre lo que has descubierto

Este es el punto en el que toca hacerse preguntas y reflexionar para conseguir aprendizajes.

- ¿Qué patrones de comportamiento has podido observar?
- ¿Cómo crees que han influido estos eventos en la persona que eres actualmente?
- ¿Qué piensas que tienen en común tus momentos de mayor satisfacción?
- ¿Qué dirías que motivó los mayores cambios de tu vida?
- ¿Qué has descubierto al hacerlo que no supieras antes?

Este ejercicio es muy poderoso porque te ayuda a hacer una retrospectiva de lo que ha sido tu vida y a tomar consciencia de los momentos que han ido moldeando la persona en la que te has convertido.

Tienes ahora una información muy valiosa para poder entender cómo has llegado hasta aquí y por qué (o por quién) has tomado las decisiones del pasado. El siguiente punto te ayudará a complementar este primer pilar identitario.

Parte II: Fortalezas y debilidades

Identificar y comprender nuestras fortalezas y debilidades es una ventaja brutal en cuanto a crecimiento personal y profesional, porque te da la oportunidad de elegir entornos en los que puedas brillar, de disfrutar más de lo que haces, o incluso de descubrir áreas o ámbitos en los que eres buena y ni siquiera lo sabías.

Todas tenemos nuestros ases en la manga, aprendamos a jugar una buena mano para sacarles el máximo provecho. Te cuento cómo vamos a hacerlo.

EJERCICIO: IDENTIDAD PÚBLICA

Objetivo:

Tener una visión externa sobre cómo eres percibida.

Este ejercicio puede ayudarte a descubrir aspectos de tu personalidad y habilidades que quizá tú no tengas en cuenta porque o bien no los habías identificado, o bien no los consideras importantes, aunque para otros resulta que sí lo son.

Instrucciones:

Paso 1: Feedback

- Pide a entre 6-10 personas de tu entorno que mencionen tres fortalezas tuyas y tres áreas de mejora (incluye a personas que te conozcan bien en diferentes ámbitos: familiares, amigos, compañeros de estudios o de trabajo, etc.).
- Pídeles que, en la medida de lo posible, incluyan ejemplos específicos de situaciones en las que se hayan visto reflejados esos aspectos.
- Ahora incluye también los que tú ves en ti misma, tanto en la parte de fortalezas como en la del área de mejora.

Paso 2: Análisis

- Crea una lista o una tabla donde anotes todas las fortalezas y áreas de mejora mencionadas por las personas que te dieron *feedback*, incluyendo tus propias observaciones.
- Identifica y resalta las fortalezas y áreas de mejora que más se repiten. Estas repeticiones indican percepciones consistentes sobre ti por parte de diferentes personas.
- Elimina las repeticiones redundantes, consolidando entradas similares en una sola. Por ejemplo, si «comunicación efectiva» y «buena comunicadora» aparecen varias veces, puedes agruparlas bajo un solo término que elijas como referencia.

Paso 3: Integración en el marco de referencia

- Dibuja en tu cuaderno de trabajo la plantilla del marco de referencia que te dejo a continuación.
- En el cuadrante de «perfil personal», anota las fortalezas y áreas de mejora más relevantes. Para mantener claridad y enfoque, limita la selección a 4-5 elementos por categoría.
- Este cuadrante será la base sobre la cual continúes construyendo tu marco de referencia a medida que avances en el libro y trabajes en los pilares restantes.

Perfil personal	Intereses y pasiones
Valores	**Objetivos**

Cierre:

Este es un ejercicio de autoconocimiento y de claridad que suele tener un fuerte impacto emocional porque te conecta con una parte de ti que, a veces, olvidamos.

Vamos todo el día en piloto automático sin preguntarnos cómo hemos llegado hasta donde estamos, qué retos hemos tenido que superar o qué hitos hemos olvidado celebrar lo suficiente.

Es más, estamos tan metidas en la rueda del día a día, tan convencidas de los pasos que deberíamos dar, que terminamos en entornos en los que hemos dejado de brillar porque hemos olvidado qué se nos da bien y cuál es nuestro potencial.

Este es el motivo por el que muchas de las personas a las que he acompañado en sesiones han llorado a la hora de compartirlo. Suele ser un momento muy íntimo de emociones encontradas: el peso de recuerdos dolorosos o que evocan cierta nostalgia, la toma de consciencia de grandes logros que se habían pasado por alto y, sobre todo, una especie de despertar al reconocer y celebrar cualidades personales que suelen menospreciar por compararse constantemente con los demás.

Es un momento importante en el que mirarse al espejo y reconocer todo lo bueno que hay en ti.

Así que, si el ejercicio te ha removido, eso está bien, forma parte del proceso.

En caso de que quieras profundizar te recomiendo un par de test de personalidad que aunque son de pago tienen unos resultados increíbles: Insights Discovery (con el que yo trabajo y es muy poderoso) y el MBTI.

Ahora que has identificado patrones en tu personalidad y puntos fuertes a través de tu propia historia y el *feedback* recibido, vamos a explorar en el siguiente paso qué te motiva y qué es importante para ti para poder seguir completando tu brújula.

Qué te gusta hacer

Es probable que sientas que llevas ya un tiempo, seguramente demasiado, viviendo en un círculo vicioso en el que todo son obligaciones. Vas en piloto automático, no tienes tiempo para nada más que trabajar ni energía para hacer otras cosas que no sea cenar rápido e irte a la cama pronto esperando que mañana sea un día mejor.

Los intereses y pasiones son los grandes olvidados cuando estamos quemados en el trabajo, pero también son los cimientos sobre los que construir una vida satisfactoria y alineada con quien realmente eres.

Explorar tus motivaciones (en adelante, englobaré en este término tanto intereses como pasiones) es importantísimo porque te ayuda principalmente a:

- Tener una dirección: saber lo que realmente te gusta puede guiar tus decisiones de carrera y también personales, es una parte fundamental.
- Aumentar tu satisfacción personal: realizar actividades con las que disfrutas o que te generan curiosidad y que hacen que el tiempo pase volando aumenta tu sensación de plenitud y reduce el estrés.

Eso sí, antes de entrar en materia, quiero que cuando pienses en tus intereses y pasiones bajes las expectativas y no los compares con los de nadie.

Recuerda que aquí no hay ni bueno ni malo, ni mejor ni peor. Esta es tu vida, esta eres tú, así que atrévete a ser honesta contigo misma y disfruta del trayecto.

EJERCICIO: MAPA DE MOTIVACIONES

Objetivo:

Que puedas redescubrir aquello que te hace vibrar y disfrutar. Se trata de recuperar esa conexión con tu yo más auténtico a través de intereses y pasiones que has aparcado o incluso olvidado.

Esto es clave porque cuando vivimos en modo zombi, atrapadas en nuestra rutina diaria, suele ser común que dediquemos todo nuestro tiempo y esfuerzo a cumplir con nuestras obligaciones, dejando en un segundo plano lo que realmente nos gusta hacer. Es como si de repente cuidarnos haciendo lo que más nos gusta ya no fuera prioritario, sino un capricho del que podemos prescindir.

Al principio reducimos el tiempo que le dedicamos. Después lo vamos postergando. Y, finalmente, lo olvidamos por completo.

Y eso es una cagada. De hecho, debería ocurrir justo al revés. Ese tiempo para hacer las cosas que más nos gustan debería ser una prioridad absoluta, porque no solo nos permite seguir conectadas a nosotras mismas, sino que, además, nos ayuda a mitigar los efectos de un momento vital en el que el ámbito profesional está arrasando con todo. Piensa que si todo tu bienestar pasa a depender del trabajo y no diversificas tus motivaciones y energía, lo más probable es que termines quemándote. Necesitas tener otras fuentes de disfrute y satisfacción para evitar que tu trabajo se convierta en tu única identidad.

> Tus intereses y pasiones no son algo que puedas pasar por alto. Son como un ancla: a pesar de la tormenta, mantienen al barco en un punto fijo, aunque se siga tambaleando.

Instrucciones:

En esta sección vamos a trabajar con la idea de mapas mentales. Seguro que has oído hablar de ellos en más de una ocasión. Un mapa mental es una forma gráfica de representar pensamientos e ideas de manera estructurada, que te permite visualizar y destacar las partes más importantes, y las relacionadas entre sí.

Paso 1: Crea tu mapa de intereses y pasiones

Para este ejercicio puedes utilizar una hoja o cartulina blanca que tengas, o si prefieres formato digital, puedes hacerlo con MindMup, Canva o Miro (con versiones gratuitas).

- Cuando hayas elegido el formato, en el centro de la hoja (o del *frame*, en caso de ser digital) escribe la frase «qué me gusta hacer» y rodéala con un círculo.
- A partir de esta idea central, dibuja líneas o ramas que conecten con otros intereses y pasiones que tengas. (Puedes incluir cualquier actividad, sector o hobby que te ilusione y te motive, ya sea en tu vida personal o profesional).
- A su vez, cada una de esas áreas se ramificará en actividades más concretas, y así hasta que llegues a la actividad raíz (que es la forma más específica de un interés o pasión).

Te pongo un ejemplo: imagina que una de tus pasiones es leer. En tu mapa de motivaciones incluirías la lectura como punto de partida, y a partir de aquí, posibles géneros que te interesen, como ciencia ficción o novela negra. Incluso podrían surgir autores favoritos, idiomas en los que te gusta leer o formatos preferidos (físico, audiolibro, cómic, etc.).

En el caso de la música se me ocurre que podría haber instrumentos que te gustaría aprender a tocar, conciertos o festivales a los que te gustaría ir, o incluso artistas o grupos que formen parte de alguna etapa importante de tu vida.

Así es como se vería un mapa de motivaciones:

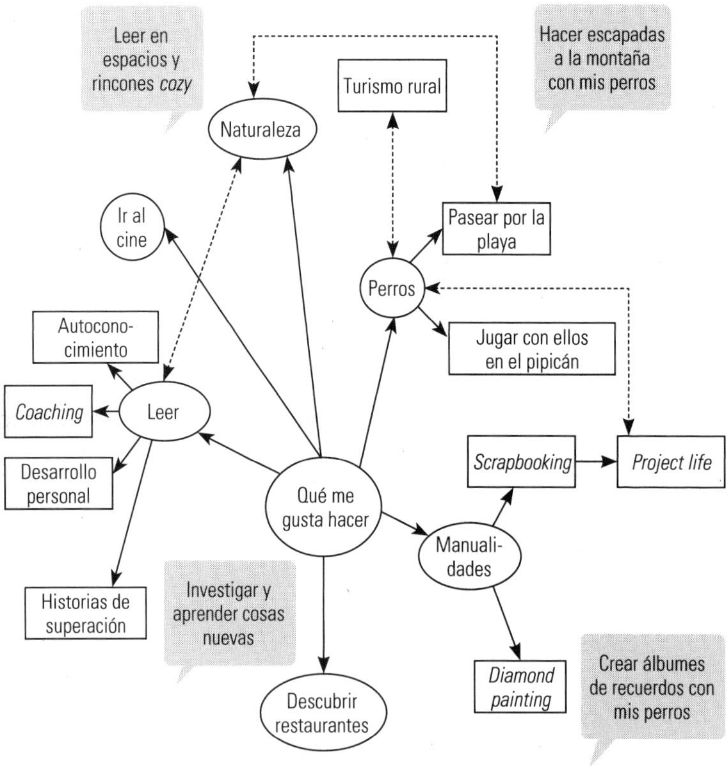

Sé que una hoja en blanco impresiona la primera vez, así que quiero compartir contigo dos recursos que pueden ayudarte si necesitas inspiración, no sabes por dónde empezar o sientes que te cuesta recordar lo que te gusta.

1. Inspiración visual: las imágenes son siempre una buena manera de ayudar a desbloquear ideas, emociones y pensamientos.

   Abre Pinterest, un banco de imágenes o el navegador, y empieza a buscar por temas generales que te llamen la atención o por momentos y actividades que recuerdes que en algún momento disfrutaste.

   Algunas ideas de por dónde empezar:

   - Lugares que has visitado o que te gustaría visitar.
   - Actividades que te han hecho feliz en el pasado.
   - Objetos, entornos o experiencias que te transmitan calma o emoción.
   - Personas que admiras y sus estilos de vida.

   A medida que vayas explorando, fíjate en aquellas imágenes que te generan más conexión o que te despiertan alguna emoción y guárdalas para usarlas como punto de partida. Puedes incluirlas después también en tu mapa mental.

2. Preguntas de inspiración:

   - ¿Qué actividades hacen que pierdas la noción del tiempo?

- ¿De qué temas podrías hablar durante horas?
- ¿Qué te encantaba hacer de niña que hayas dejado de hacer?
- ¿En qué áreas crees que serías una buena profesora?
- ¿Qué has querido hacer siempre pero no te has atrevido a hacer?
- ¿Qué actividades son las que más te relajan?

A medida que vayas pensando en las respuestas, escribe las palabras clave que las representen para añadirlas a tu mapa.

Este mapa mental es tuyo y es para ti, así que a partir del paso a paso, tú puedes decorarlo y personalizarlo como te guste. Este es un ejercicio para disfrutar, crear y dejarte llevar, así que no te límites ni te impongas restricciones. Todo lo contrario. Para completarlo puedes usar palabras, colores, dibujos, símbolos, imágenes... ¡lo que tú quieras!

Paso 2: Integración en el marco de referencia

Cuando lo tengas completado, tómate unos minutos para ver el mapa completo y después las diferentes ramas, áreas y actividades que has incluido.

- Subraya con un color aquellas motivaciones que sean más significativas para ti en este momento. Te recomiendo que en este punto tengas en cuenta especialmente aquellas que contribuyan de forma directa a tu bienestar y satisfacción personal. Que te hagan ilusión.
- Incluye las tres o cuatro más relevantes en el cuadrante «intereses y pasiones» de la tabla que has dibujado en

tu cuaderno de trabajo y añade una breve descripción de por qué son importantes para ti o cómo te hacen sentir.

Cierre:
Al final de este ejercicio probablemente te habrás dado cuenta de que has dejado atrás actividades que no solo disfrutas, sino que además te representan y te conectan contigo misma.

Esta es la razón de que la parte de intereses y pasiones sea tan importante en un proceso de autoconocimiento y desarrollo personal enfocado también al ámbito profesional. El día a día nos consume de tal forma que empezamos haciendo pequeñas renuncias y terminamos por no reconocernos.

Es importante recordar que lo que hace que la vida realmente merezca la pena es tener ilusiones, porque sin ellas es muy fácil perderse.

Qué es importante para ti

Hasta ahora hemos explorado quién eres y qué te gusta hacer, pero hay un tercer pilar que también influye y sostiene tu toma de decisiones: tus valores.

Los he mencionado en capítulos anteriores y seguro que has oído hablar de ellos, pero ahora vamos a dedicarles un espacio para poder trabajarlos en profundidad.

En pocas palabras, podríamos decir que los valores son tus prioridades. Principios que guían la forma en la que eliges vivir. Responden a la pregunta: ¿qué es realmente importante para ti hoy?

A lo largo de nuestra vida tomamos millones de decisiones, que no resultan sencillas en muchas ocasiones. Los valores actúan como una especie de filtro que nos indica en qué invertir nuestra energía, tiempo y recursos.

Te pongo un ejemplo: a mí me gusta mucho jugar al pádel y compito desde hace unos años, pero ahora tengo una hernia discal que me ha hecho parar y tener que hacer rehabilitación durante varios meses. Voy al fisio una vez por semana y a pilates para reforzar la zona. Por mucho trabajo que tenga o por mucho que quiera estar en otro sitio, nunca renuncio al fisio o a la clase de pilates, porque la salud para mí es prioritaria, y no se puede vivir con dolor. No solo por el pádel, sino porque apenas puedo pasar más de media hora sentada.

Otro ejemplo: estoy creando un proyecto profesional desde cero y en este momento necesito investigar y formarme todo lo que puedo. Si el crecimiento y el éxito profesional son prioritarios para mí hoy, tendré muy claro cómo repartir mis tiempos y a qué actividades renunciar cuando no pueda con todo. Es decir, diré antes que no a una cena que a leer un libro.

Los valores funcionan igual. A la hora de tomar decisiones importantes, son los criterios que te ayudan a elegir con coherencia y seguridad.

EJERCICIO: CARTA DE VALORES

Objetivo:

Este ejercicio está pensado para ayudarte a identificar los valores que quieres que sirvan de líneas guía para tu vida. Es decir, ¿qué te mueve? ¿qué es prioritario para ti?

Definir cuáles son los principios a partir de los cuales tomar decisiones no solo simplifica el proceso de elección y reduce la indecisión, sino que también aumenta tu confianza. Porque cuando tienes claridad sobre lo que es importante y prioritario para ti, dejas de dudar tanto y empiezas a decidir con más seguridad, porque sabes lo que quieres.

Hasta ahora te has dejado llevar por el ritmo frenético que te rodea y te has fiado más del criterio de otras personas que del tuyo propio. Ahora eliges confiar en ti y en que otra vida, la tuya, es posible. Es un compromiso contigo misma.

El ejemplo más claro que conozco es el de Oliver, del que te he hablado en el capítulo anterior. Él tenía claros sus valores, en especial uno: la libertad. Y todas sus decisiones giraban alrededor de priorizar este valor para poder vivir el tipo de vida que quería vivir.

Instrucciones:

Existen diferentes ejercicios para identificar tus valores, pero a mí me gusta especialmente este que voy a compartirte, una adaptación de una dinámica de programación neurolingüística que aprendí durante mi formación, y que me parece uno de los más efectivos.

Paso 1: Un momento de plenitud

Para identificar tus valores, no vale solo con pensar en «qué es importante para ti o qué debería serlo», necesitas poder conectar con experiencias de plenitud que recuerdes que has vivido.

Ojo, porque plenitud no significa necesariamente felicidad eufórica, sino más bien una sensación de conexión, de estar en el lugar adecuado, haciendo lo que quieres, en armonía con quien eres. La plenitud tiene que ver más con un estado interno de paz. Es como una especie de momento de máximo bienestar.

Para que me entiendas, el entierro de un ser querido puede ser un momento de plenitud. Puede serlo por haber cuidado y querido a esa persona hasta el último momento de su vida. Y ese sentimiento, ese estado interno de paz y de amor, te conecta con valores como la familia, la empatía o la contribución.

Por el contrario, un momento de plenitud también puede ser el descubrimiento de una cala preciosa durante un viaje en la que te bañaste completamente sola. La belleza del lugar y el silencio y quietud del momento te conectan con valores como la curiosidad, la naturaleza o la calma.

Así que ahora sí, cierra los ojos y piensa en un momento de plenitud en tu vida. No lo fuerces, relájate y simplemente déjate venir una imagen a la cabeza. Recuerda dónde estabas, qué estabas haciendo, quién estaba contigo, qué sentiste, qué hizo que ese momento fuera tan especial, qué se escuchaba, a qué olía... Repasa todos los detalles con mucha atención como si ese momento fuera aquí y ahora.

Paso 2: Descubre los valores

Para poder identificar qué valores están relacionados con esa experiencia, vamos a profundizar un poco más en ese momento que acabas de revivir y que es importante para ti. ¿Qué era lo que realmente valorabas de ese momento? ¿Y qué más? (× 3 / 5 veces hasta que hayas profundizado realmente).

A partir de tus respuestas, identifica y anota las palabras que representen los valores que relacionas con ese momento. Por ejemplo, si recuerdas un momento en el que entregaste un proyecto importante, quizá los valores relacionados que te vienen a la cabeza podrían ser: crecimiento, éxito, superación o realización.

En cambio, si recuerdas un momento relacionado con un viaje, quizá esos valores podrían ser: libertad, experiencias, disfrutar o descubrimiento.

Por si te ayuda a inspirarte, quiero dejarte un listado de valores como referencia:

Amabilidad	Calidad	Cuidado	Equidad
Ambición	Calma	Curiosidad	Espiritualidad
Amistad	Colaboración	Dedicación	Excelencia
Amor	Compasión	Determinación	Éxito profesional
Aprendizaje	Compromiso	Dignidad	Familia
Armonía	Comunicación	Disciplina	Flexibilidad
Austeridad	Conexión	Diversidad	Generosidad
Autenticidad	Confianza	Diversión	Gratitud
Autocontrol	Contribución	Eficacia	Honestidad
Autoestima	Creatividad	Eficiencia	Humildad
Bienestar	Crecimiento	Empatía	Independencia

Influencia	Mente abierta	Pragmatismo	Servicio
Innovación	Optimismo	Prudencia	Simplificación
Integridad	Orden	Puntualidad	Sinceridad
Inteligencia	Organización	Resiliencia	Sostenibilidad
Justicia	Paciencia	Respeto	Superación
Lealtad	Pasión	Responsabilidad	Tolerancia
Libertad	Perseverancia	Sabiduría	Transparencia
Liderazgo	Placer	Salud	
Medio ambiente	Planificación	Seguridad	

Cuando lo tengas, repite el mismo proceso con al menos tres o cuatro momentos diferentes más. El objetivo es encontrar otras experiencias que te ayuden a identificar otros valores, que puede que sean diferentes o que se repitan.

Paso 3: Integración en el marco de referencia

- De todos los valores que has identificado, agrupa aquellos que sean parecidos (sinónimos) o se repitan, y elije el que mejor represente ese estado de plenitud.

  Por ejemplo, si en mi listado aparecen los valores tranquilidad, calma, y paz, elijo calma que es el que para mí más representa ese momento y engloba un estado de tranquilidad y paz.
- De los valores finales que quedan después de este primer paso, elige los cinco más importantes para ti. Es decir, los que más resuenan contigo en el momento actual, y ordénalos por prioridad (siendo, por supuesto, los cinco importantes en este momento).

Cuando los tengas, inclúyelos en el cuadrante de «valores» del marco de referencia que has dibujado en tu cuaderno de trabajo y escribe qué significa para ti cada uno de ellos.

Ten en cuenta que en este ejercicio estás eligiendo solo cinco valores, pero esto no significa que no puedas tener otros o que puedan cambiar con el tiempo. Esta lista no es permanente, lo que estás definiendo son tus prioridades hoy en día, en este momento presente.

Hay prioridades que ya están integradas en tu vida, o que son importantes pero no prioritarias ahora mismo.

Cierre:
Este es un ejercicio especialmente útil cuando acompaño a personas que están quemadas en el trabajo. Y lo es por dos motivos: porque se dan cuenta de lo olvidados que se tienen a nivel personal, y por la claridad que les da reordenar sus prioridades.

En uno de los casos vino Isabel porque no podía más con su trabajo. No se trataba tanto de a qué se dedicaba sino más bien del entorno, que cada día cuestionaba. Estaba harta de esta situación y se planteaba un cambio de trabajo e incluso de carrera. Estuvimos varias sesiones indagando en sus intereses tanto personales y profesionales y siempre llegaba a la conclusión de que a ella le gustaba lo que hacía. Quería seguir trabajando en asistencia a gente mayor, como había hecho hasta el momento.

Sin embargo, llegado el punto de evaluar su situación personal más allá del trabajo, sus objetivos y sus prioridades, empezaron a aparecer piezas de información que eran como pepitas de oro.

- «No podría cambiar de trabajo ahora, aunque quisiera, porque para mí es importante poder pasar tiempo con Beret y Pimienta, mis perros. Mi trabajo actual me permite salir a una hora razonable y llegar a tiempo para dar paseos con ellos por el campo a media tarde».
- «Quiero irme a vivir con mi pareja, pero mi sueldo actual no es suficiente y en la empresa en la que trabajo no hay muchas opciones de crecimiento».
- «Podría tener mejores oportunidades dentro del sector, pero implicarían tener que mudarme de ciudad y vivir lejos de mi familia, y es algo que no quiero hacer ahora mismo».

Como puedes ver, lo que *a priori* parecía una lista de obstáculos era en realidad una guía perfecta para tomar decisiones. Isabel no podía dejar su trabajo porque quería mantener una rutina que le daba bienestar y le permitía estar con sus perros. Necesitaba mejorar sus condiciones salariales para poder avanzar en su relación de pareja. Y, aunque podría tener mejores oportunidades fuera de su ciudad, no quería renunciar a vivir cerca de su familia.

Esta información contenía los valores de Isabel: estabilidad, familia, realización, calma, disfrute.

Y así fue como Isabel encontró un plan intermedio: decidió no cambiar de trabajo porque el sector en el que trabajaba (gente mayor) era parte del plan de vida que tenía y le hacía sentirse realizada. Pero encontró la forma de tener un sobresueldo dando clases particulares tres veces por semana. Y este ingreso extra le permitiría poder buscar piso para irse a vivir con su pareja.

Isabel identificó lo que para ella era más importante y, desde esa coherencia consigo misma, construyó un plan: su plan. Y para ella, funcionó.

Así es como operan los valores en la toma de decisiones y en la elección del tipo de vida que queremos vivir.

Cuáles son tus objetivos

Llegamos al cuarto y último pilar del marco de referencia. Ahora que has podido trabajar en quién eres, qué te interesa y cuáles son tus valores, toca empezar a decidir qué vida quieres vivir y establecer metas y objetivos tanto personales como profesionales, porque ya sabes que ambos forman parte de un todo.

En todo este proceso integral que estás trabajando existen dos momentos que son los más críticos y en los que más acompañamiento profesional se requiere: decidir empezar y el compromiso con el plan. Es decir, lo más complicado no es crear el plan de acción, sino comprometerse con él en el tiempo.

¿Por qué? Porque el proceso no es lineal, y siempre surgen motivos para dejarlo. Quiero que lo tengas en cuenta y que pidas ayuda cuando no puedas sola, pero, sobre todo, no lo dejes a medias.

Ahora sí, vamos con el ejercicio.

EJERCICIO: UN DÍA PERFECTO

Objetivo:

Hasta ahora has ido construyendo una base sólida de autoconocimiento, pero ahora necesitas empezar a darle una dirección. Entramos de pleno en la parte de desarrollo personal.

El objetivo final de este ejercicio es integrar todo lo que has aprendido y descubierto sobre ti en una imagen clara del tipo de vida que quieres vivir.

Se trata de definir un destino. Porque si no sabes adónde vas, sigues la corriente, te adaptas a lo que venga y dejas que otros tomen decisiones por ti. Y vivir no es solo existir.

¿Por qué funciona?

Esta propuesta de visualización es muy poderosa porque nuestro cerebro no distingue entre lo que es o no real. Cuando visualizas algo se activan los mismos mecanismos que si estuvieras viviéndolo en la realidad. Y esto es importante porque aumenta nuestra confianza y nos prepara para actuar según el futuro que queremos crear.

Instrucciones:

Paso 1: Diseña tu día ideal

Voy a invitarte a diseñar un día ideal en tu vida a dos o tres años vista. La idea es que describas cómo imaginas ese día perfecto desde que te despiertas hasta que te vas a dormir.

Recuerda que tiene que englobar el ámbito tanto personal como profesional.

Para hacerlo más fácil, te dejo una tabla que te ayudará a completarlo por fases (no la uses si no la necesitas).

Te recomiendo que primero completes la tabla y luego describas tu día perfecto y lo visualices.

¿Cómo completarla?

1. Por cada intervalo (mañana, mediodía, tarde y noche) indica dónde estás y qué estás haciendo.
2. Crea un registro de los pensamientos que te vienen a la cabeza en esos momentos del día cuando los visualizas con detalle (el espacio, el color, el olor, las personas, etc.).
3. Por cada momento, describe cómo te sientes en esa situación.

Si te cuesta imaginar tu día ideal, empieza por recordar días pasados en los que te sentiste realmente bien. Piensa en qué querrías integrar de esos días en tu vida futura. Muchas veces, las pistas sobre lo que queremos están en momentos que ya hemos vivido y disfrutado.

	Intervalo 1: Mañana	**Intervalo 2: Mediodía**	**Intervalo 3: Tarde**	**Intervalo 4: Noche**
¿Qué haces?				
¿Qué piensas?				
¿Qué sientes?				

Por ejemplo, siguiendo con el caso de Isabel, este sería el resultado:

Mañana

- Actividad: Isabel se despierta temprano para poder tener un tiempo de calidad y en calma, disfrutando de las ventajas de vivir en el campo: poco ruido y pocas prisas en general. Así que empieza el día en su jardín haciendo una sesión de yoga con una *influencer* que sigue por YouTube desde hace tiempo, porque le ayuda a centrarse y a prepararse para el día.
- Qué piensa: «Tengo el control de mi día desde el principio. Esto me ayuda a centrarme y a organizarme para reducir el estrés diario y a trabajar más enfocada en objetivos que son realistas para mí».
- Qué siente: Se siente enfocada y tranquila.

Mediodía

- Actividad: Después de organizar su día y de hacer las tareas más administrativas en su nuevo puesto como directora del centro geriátrico, Isabel aprovecha su hora del almuerzo para planear su próxima escapada de fin de semana con su pareja y sus perros.
- Qué piensa: «Me encanta poder tener tiempo para organizar y hacer estas escapadas de desconexión en familia y relax en la naturaleza que tanto disfrutamos los cuatro».

- Qué siente: Se siente satisfecha porque hay un equilibrio entre su vida personal y profesional que además contribuye a hacer feliz a los miembros de su familia, que son un pilar para ella.

Tarde

- Actividad: Isabel se apuntó a una formación de liderazgo para poder desarrollar y mejorar sus habilidades como directora del centro, así que después de un paseo con Beret y Pimienta asiste a una sesión online sobre estilos de comunicación.
- Qué piensa: «Con cada paso que doy en mi formación estoy más cerca de cumplir mis objetivos profesionales para poder cambiar como directora todo lo que creo que es importante y que no funciona en este sector».
- Qué siente: Se siente motivada y empoderada al ver su progreso.

Noche

- Actividad: Cuando termina el día, vuelve a casa para disfrutar de una cena que le ha preparado su pareja, que está aprendiendo a cocinar. Antes de acostarse, revisa tranquilamente en el sofá las tareas pendientes del día siguiente para poder organizarse y el plan financiero familiar, porque quiere ajustar el presupuesto de la escapada para que no suponga ningún esfuerzo económico y puedan repetir pronto.

- Qué piensa: «La previsión y organización en el día a día y las finanzas son clave para poder mantener este estilo de vida sin presión».
- Qué siente: Se siente satisfecha y segura de la vida que está construyendo y de la forma en la que lo está haciendo.

Ahora es tu turno. Cuando hayas completado la tabla, te recomiendo hacer un repaso a los tres ejercicios anteriores (perfil personal, motivaciones y valores) por si necesitas contrastar pilares importantes o añadir información que no hayas tenido en cuenta.

Cuando lo tengas, piénsalo: ¿está tu día ideal alineado con quien realmente eres? Si lo está, cierra los ojos, respira profundamente y visualiza el día que has descrito con todo lujo de detalles: el color, la temperatura, el espacio, los olores, las personas, etc. Fíjate en cómo te hace sentir, respira profundamente y percíbelo como si fuera real.

Paso 2: Integración en el marco de referencia

Ahora que has podido visualizar y trasladarte a tu día ideal, es momento de dibujar un puente entre donde estás ahora y donde quieres estar.

Revisa tu tabla e identifica dos o tres objetivos que te acerquen a ese día ideal y que creas que son los más importantes para ti. Piensa cuáles son esos primeros pasos que quieres y puedes empezar a dar e inclúyelos en el cuadrante de «objetivos» de tu marco de referencia.

Aquí te dejo una guía y un ejemplo para definir tus objetivos:

1. Que sea en positivo, evita objetivos basados en lo que no quieres hacer. Por ejemplo: en vez de decir «quiero dejar de perder tiempo en redes sociales», mejor di «quiero dedicar mi tiempo libre a actividades que disfruto».
2. Que dependa de ti (autorresponsabilidad). Por ejemplo: «quiero que mi jefe me valore» *vs.* «voy a comunicar mis logros en el trabajo».
3. Que sea concreto: qué, cuándo y dónde. Por ejemplo, no es lo mismo decir «quiero escribir más» que «voy a escribir todas las mañanas media hora antes de ir a trabajar».
4. Que sea ecológico. Es decir, sostenible y realista. Por ejemplo, puedes cambiar el «voy a hacer yoga dos horas diarias (cuando apenas tienes tiempo)» por «voy a empezar a hacer yoga dos veces por semana».

Cuando los tengas definidos, inclúyelos en el cuadrante de «objetivos» de tu marco de referencia para completarlo.

En el caso de Isabel, su situación actual es que tiene dos trabajos para poder llegar a fin de mes, el principal asistiendo a personas mayores, que es el que le gusta y le motiva, y por eso quiere optar a un puesto de más responsabilidad para poder crecer profesionalmente y mejorar sus condiciones.

En la visualización de su día ideal ella se imagina viviendo con su pareja y teniendo tiempo para disfrutar con sus perros, haciendo escapadas a parques y bosques porque a nivel financiero está cubierta. En el ámbito profesional ocupa un nuevo cargo (directora) para poder seguir trabajando con gente mayor, pero a jornada completa y con una subida salarial, de modo que ya no tiene que hacer malabares entre dos trabajos para poder independizarse.

A partir de esta visualización Isabel define sus siguientes objetivos:

1. «Construir un modelo de vida estable y equilibrado en el que pueda disfrutar de tiempo libre y calidad de vida sin sentirme sobrecargada por múltiples trabajos».
2. «Reservar tiempo para el disfrute personal, asegurando tener espacio para hacer planes y dedicarme a mis hobbies fuera del trabajo, como el yoga».
3. «Mantener una rutina diaria que priorice mi bienestar físico y mental, integrando tiempo de autocuidado y eliminando responsabilidades que no aportan valor a mi vida».
4. «Seguir creciendo y desarrollándome profesionalmente para sentirme realizada, mejorar mis condiciones salariales y vivir con mayor tranquilidad financiera».
5. «Hacer de la naturaleza y el aire libre una parte esencial de mi estilo de vida».

Y a partir de aquí podría empezar a definir acciones concretas para conseguir estos objetivos. Por ejemplo:

1. Investigar qué formación necesita.
2. Matricularse lo antes posible.
3. Contactar con profesionales del sector para encontrar oportunidades.

Pero esta parte la veremos más adelante, en el capítulo 7.

Cierre:

Tener claro tu día ideal es una declaración de intenciones, para ti y para el resto del mundo. Es un cambio de mentalidad que repercute en tu forma de vivir.

No se trata de conseguir una vida perfecta mañana, se trata de conseguir tu propia vida perfecta empezando con pequeñas decisiones diarias que te acerquen a ella.

Ahora sí deberías tener completado tu propio marco de referencia. Te dejo aquí un ejemplo de cómo quedaría en el caso de Isabel:

Perfil personal	**Intereses y pasiones**
• Puntos fuertes: empática, organizada y metódica, creativa y resiliente. • Puntos débiles: le cuesta delegar, parálisis por análisis, autoexigencia que le genera mucho estrés.	• Disfrutar de la naturaleza con sus perros. • Hacer escapadas y descubrir lugares nuevos. • Ayudar a la gente mayor a tener más calidad de vida. • Clases de yoga.
Valores	**Objetivos** (versión sintetizada)
• familia, estabilidad, realización, calma, disfrute.	• Conseguir estabilidad y equilibrio en su vida. • Dedicar tiempo a sus hobbies y pasiones. • Tener una rutina para priorizar su autocuidado. • Crecer y sentirse realizada profesionalmente. • Seguir disfrutando de su estilo de vida.

Hasta aquí has revisado y trabajado cuatro pilares clave para construir una base sólida de autoconocimiento y desarrollo personal, necesaria para empezar a tomar decisiones más auténticas y coherentes: perfil personal, motivaciones, valores y objetivos.

Este orden de los factores es el que sí altera el producto, en un sentido positivo esta vez.

Tienes tu propio marco de referencia, el que contiene la información imprescindible que a partir de ahora debería ir contigo a todas partes y ser un inquebrantable a la hora de tomar decisiones.

Toda esta información no es nueva para ti. Siempre ha existido, pero has ido tirando millas dejando que otros eligieran por ti, así que simplemente has hecho oídos sordos a lo que tu verdadero ser quería y pretendía.

No es culpa tuya, no nos enseñan a hacerlo, es así de sencillo.

Pero que no hagamos caso a lo que nuestro corazón, mente y cuerpo nos piden no significa que deje de existir. Nuestra verdadera esencia puede apagarse, pero no desaparece, simplemente brilla con una luz más tenue esperando a ser prendida con fuerza en el momento oportuno: ahora.

Porque este es tu momento oportuno, si estás leyendo este libro, lo has elegido y has invertido el tiempo y la energía en completar estos primeros ejercicios, créeme que es tu momento oportuno.

Voy a pedirte que ahora dejes reposar todo el trabajo que has hecho en este capítulo, que sigas avanzando y que lo rescates más adelante cuando yo te lo indique.

En este capítulo has conseguido:

1. Reflexionar acerca de tu propia historia y cómo has llegado a ser quien eres.
2. Entender que puedes moldear a la persona en la que te has convertido creando tu propio mapa a partir de un nuevo marco de referencia.
3. Conectar de nuevo con pasiones e intereses que dejaste olvidados y que son clave para recuperar la ilusión.
4. Definir qué es importante para ti, sin condicionamientos externos, y cómo integrar estas prioridades en tu vida.
5. Visualizar con claridad cómo quieres que sea tu vida según estos pilares que has construido.
6. Diseñar una brújula interna para tomar decisiones más coherentes y alineadas contigo y con la vida que quieres crear.

CAPÍTULO 4

(DES)ROMANTIZAR EL TRABAJO

Muchas veces la búsqueda de la realización no llega nunca; no porque no seamos capaces de dar con ella, sino porque la buscamos en narrativas equivocadas. Narrativas de las que todo el mundo habla pero que no son más que mitos románticos sobre el trabajo con promesas que no siempre pueden cumplirse. Versiones de éxito, plenitud o felicidad que no existen o que no son para todo el mundo.

Y cuando estas narrativas chocan con la realidad, aparece la frustración y la culpa, que, como siempre, parece que es nuestra: «¿Qué estoy haciendo mal?».

En este capítulo trataré de desmitificar cuatro de las narrativas más populares sobre el trabajo que más frustración y presión generan en la actualidad, y te explicaré cómo pueden estar influyendo en tu bienestar y toma de decisiones.

Hablaremos de:

- La manía del propósito: Vamos a cuestionar la idea de que cada una de nosotras tiene un propósito predestinado y único que debe descubrir para tener una vida plena.

- La pasión por el trabajo: Analizaremos cómo el mito de «trabaja de lo que te gusta y no tendrás que trabajar ni un día en tu vida» puede ser una trampa que genere todavía más estrés e insatisfacción.
- La necesidad de aspirar a más: Reflexionaremos sobre las consecuencias de poner el foco en el lugar equivocado, de vivir obsesionadas con tener más para poder ser más felices, y de la constante comparación y competición con los demás.
- La moda de irse a Bali: Desmontaremos la tendencia de idealizar el romper con todo como una solución mágica cuando las cosas no funcionan.

La idea es que al final del capítulo seas capaz de separar el grano de la paja y empezar a diferenciar entre lo que estás eligiendo porque es importante para ti y lo que eliges porque se supone que debería serlo.

No hay ni bueno ni malo, ni mejor ni peor, solo lo que es útil y válido para ti. Lo que te hace bien, lo que te sirve y te permite avanzar. Lo demás no importa.

Recuerda: cuanta más claridad tengas, más auténtica será tu vida. Cuánto más auténtica sea tu vida, mayor libertad para tomar decisiones alineadas contigo. Y ser más auténtica no solo implica ser más coherente, sino que además es la clave para construir una vida que merezca ser vivida.

Qué manía con el propósito

La idea de propósito es una de las más rimbombantes y dañinas en la actualidad. Me refiero al propósito como una visión idealizada de que cada una de nosotras tiene una misión que deberá descubrir si quiere lograr un vida plena y feliz.

Es curioso porque a mí me parece que cuanto peor lo está pasando la gente, cuanto más se cuestiona su vida, más difícil se lo ponemos. No tienen suficiente con la que está cayendo que añadimos una carga más: la búsqueda del propósito. Y ojo, creo que a nivel de marketing la idea está muy bien lograda, pero la vida no es una campaña de publicidad, y la promesa de que descubrir un fin al que estás predestinada resolverá todos tus problemas no solo es tramposa, sino potencialmente dañina.

> Yo no hablo de no darle un sentido a la vida. Hablo de darle un sentido, pero más realista, más saludable y sobre todo más libre.

Pero antes de profundizar en este punto, déjame que haga un repaso de la evolución del trabajo como pilar en nuestras vidas, desde la generación *boomer* hasta la Z. Porque el trabajo como pilar en la vida ha evolucionado, y la relevancia que para cada una de nosotras tiene en cuanto a identidad, sentido y realización, marca una diferencia clave en la forma en que construimos la idea de éxito y felicidad.

Yo soy de la generación *millennial* y tengo clarísimo que el trabajo como pilar se ha ido transformando a lo largo de diferentes generaciones. Vamos a verlo con detalle.

Baby boomers (nacidos entre 1946 y 1964)

La generación de mis padres, los *baby boomers*, relacionaba trabajo con estabilidad y seguridad económica. El famoso trabajo para toda la vida. Ahora es inimaginable que estemos más de cinco años en una empresa, pero en el pasado, lo normal y esperado era empezar haciendo prácticas en una empresa, crecer, y jubilarte en ella.

Curiosamente, no existía entonces la idea de propósito o de felicidad en el trabajo. Al menos no como la conocemos ahora. Yo no recuerdo a mis padres o a los padres de mis amigos decir «busca tu propósito», sino más bien «estudia una carrera que tenga salidas».

El trabajo era para ellos un medio para conseguir unas expectativas concretas: hipoteca, boda, hijos y una buena jubilación. Formaba parte de una identidad. Ese era el motivo por el que su mentalidad estaba más enfocada en ser leal a la empresa y en conseguir un crecimiento en ella.

Generación X (nacidos entre 1965 y 1980)

Esta generación, en cambio, vivió un contexto totalmente diferente a la anterior. Es la generación que empezó a verle las orejas al lobo como consecuencia de los cambios socioeconómicos profundos que desestabilizaron esa visión tradicional del trabajo. Principalmente estos cambios fueron dos:

1. La reforma del Estatuto de los trabajadores en 1984, que como medida para combatir el desempleo impulsaba la contratación temporal y terminó por precarizar el mercado laboral.
2. La crisis económica y recesión de los años noventa, que incrementó la tasa de paro y afectó principalmente a los jóvenes.

Además, la posterior crisis financiera de 2008 hizo que muchos trabajadores perdieran su empleo y que muchos puestos de trabajo desparecieran sin ser reemplazados por otros de calidad. Este contexto, que dejaría también cicatrices para la siguiente generación, planteaba un panorama desolador para los X, con salarios bajos y trabajos en su mayoría temporales.

En definitiva, la generación X se enfrentó a un panorama marcado por reformas laborales que incentivaron la temporalidad, y crisis económicas con un fuerte impacto no solo en la desaparición de empleos sino también en cuanto a condiciones.

Ellos fueron los que hicieron la transición de la idea de empleo para toda la vida a un trabajo temporal y menos seguro. No les quedó otra que empezar a cambiar sus prioridades vitales y focalizarse en un mayor equilibrio entre la vida personal y profesional, dejando atrás la idea de lealtad a la empresa o de hacer carrera hasta la edad de jubilación.

Millennial (nacidos entre 1981 y 1996)

Los *millennial* fuimos los que nos pillamos los dedos y nos encontramos con un futuro incierto de promesas incumplidas. No solo por haber estudiado como se nos dijo y no encontrar el trabajo esperado —ni mucho menos las condiciones debidas—, sino porque el futuro más cercano se convirtió en algo imposible de prever.

No había promoción que planificar, pensiones que nos puedan asegurar, ni tampoco la posibilidad de un paro que te permita sobrevivir a los costes abusivos de vida existentes si decides arriesgarte a encontrar algo mejor.

Y aquí es cuando empieza a resonar la idea del propósito. El trabajo debe tener un fin, y si la coyuntura socioeconómica y cultural nos priva del que tenía, le otorgamos uno nuevo que pueda justificar por qué le dedicamos tanto tiempo de nuestra vida a una actividad que si pudiéramos no haríamos.

Así que con los *millennial* emergen varios factores que tener en cuenta:

1. Menos trabajo y más competitividad. Más oferta para la misma demanda, lo que significa una pelea a muerte para ver quién consigue ser el mejor.
2. La búsqueda de unos intangibles como el propósito o la pasión por el trabajo que justifiquen la insatisfacción y falta de realización.
3. La aparición del emprendimiento y la economía digital, que abren un abanico nuevo de posibilidades, como la de ser tu propio jefe o el próximo Steve Jobs, como si fuera tan fácil de hacer.

Se dice que los *millennial* son la generación de la doble crisis: 2008 y 2020. En definitiva, la generación que, aun con el combo perfecto de formación y digitalización, más difícil lo ha tenido para mantenerse en un mercado que les prometieron hecho a medida.

Generación Z (1997-2010)

Sigue a los *millennial* una nueva generación, la Z. La que en vez de con un pan debajo del brazo nace con un *smartphone.* Que no necesita cursos infumables de inglés porque lo han aprendido de forma natural viendo a sus referentes en YouTube, o que no sabe vivir sin redes sociales y que le parece que Instagram es ya una red para puretas porque ahora lo que se lleva son los *trends* en TikTok.

La generación Z es más pragmática y prioriza su vida personal, sus valores y sus necesidades. No cree en competir y en trabajar duro para llegar lejos o crecer profesionalmente, sino en un salario y condiciones justas para poder vivir la vida a su manera y con sus principios.

Buscan autonomía y flexibilidad para poder cubrir sus intereses más allá del mundo laboral, poder viajar y ver mundo y ocuparse de su salud mental. Motivo por el cual también son más exigentes con las empresas y tienen mayores perspectivas que no siempre son del todo realistas. Tienen claro que el trabajo es solo una parte de su vida, pero no el centro.

Soy consciente de que hablo en términos genéricos de cuatro generaciones muy diferentes que merecen ser estudiadas con lupa, y por favor que ninguna se ofenda, pero los diferentes contextos sirven de punto de partida para hablar de cómo esa idea de propósito actual no siempre ha estado ahí y cómo posiblemente esté haciéndonos más mal que bien.

Llegadas a este punto, tiene cierto sentido la búsqueda de un para qué del trabajo. Pero no puede ser la panacea para todos los casos. Ni tampoco la única.

Sinceramente, no entiendo por qué nos cuesta tanto aceptar que el trabajo es algo necesario para vivir y que lo suyo sería encontrar la forma de hacerlo de la mejor manera posible: siendo la mejor en lo tuyo para poder elegir y conseguir las mejores condiciones para hacer lo que te dé la gana.

El propósito, más que una carga o ideal inalcanzable impuesto, debería ser una solución, y la realidad es que no lo es. Bajo mi punto de vista, la idea de propósito puede entenderse de dos formas:

1. Como un significado de la vida que nos viene dado, algo externo y que está predestinado.
2. Como un significado de la vida que no es inherente o está predestinado, sino que tiene que ser creado por cada una de nosotras.

El primer escenario plantea un plan de acción cuyo objetivo es la búsqueda del propósito, dando por hecho que si no lo encuentras, es que no te estás esforzando demasiado. Creo honestamente que esta perspectiva es una especie de valor seguro: si estás insatisfecha o sientes que tu vida es una mierda, siempre podrás decir que «no encontraste tu propósito, estaba demasiado escondido».

El segundo escenario es en el que te haces responsable de verdad de lo que ocurre con tu vida. Y eso es lo que más miedo da. Es decir, el propósito como tal es algo que debes crear por tu cuenta. Esta idea implica una mayor libertad, pero también más responsabilidad. El sentido de tu vida depende únicamente de ti, de tus decisiones y elecciones.

Y a este segundo punto es al que me refería con darle un sentido más realista, más saludable y sobre todo más libre.

Siento que nos complicamos la vida, y cuanto más tratamos de justificarla, más rizamos el rizo. Hemos pasado de una concepción de trabajo pragmática que lo hacía servir como medio para vivir la vida que las expectativas sociales estaban marcando, a hacer del trabajo casi un fin en sí mismo a través de la necesidad imperante de darle un significado a nuestra existencia.

¿Por qué creo que la visión actual de propósito no solo es mentira sino también dañina?

1. Porque el sentido del propósito está en una misma y depende de una. Debes crear tu propio significado.
2. Porque la idea de que todos tenemos un propósito y que está predefinido, pero debemos encontrarlo, nos exime de responsabilidad y sobre todo libertad.
3. No creo que exista algo único para lo que hemos nacido o estamos hechos, la vida evoluciona, nosotras con ella y también el sentido o significado que le damos.
4. La idea de propósito actual lo sitúa en el objetivo central de nuestra vida, esto genera mucha presión por perseguirlo y encontrarlo antes de que sea «demasiado tarde». Nadie querría morir sin descubrirlo.
5. Se ha convertido casi en una obsesión, y no todas las personas necesitan encontrar un «gran propósito» para tener una vida plena.

El sentido y único propósito de vida tiene que ver con tomar las decisiones que más te acercan a quien eres realmente y a la vida que quieres vivir. No se trata de un fin o destino escrito y preestablecido, se trata de un fin que está por construir, modificar y alterar tantas veces como creas necesario.

Y este camino empieza en tu marco de referencia. En esta lectura, en este preciso momento.

Dos de los motivos por los que muchas personas terminan quemadas en su trabajo tomando decisiones erróneas que perpetúan su insatisfacción hasta llegar al límite son:

1. Creer que si no tienes pasión por tu trabajo es que te has equivocado de sector, empresa o carrera (hablaremos de esto más adelante).
2. Exigirse un sentido de vida a la altura de grandes personajes históricos que cambiaron el mundo.

El propósito tiene que ver con decidir, sí, pero con decidir aquello con lo que tú quieres comprometerte. Algo que para ti tenga sentido, para ti y nadie más. Y vale tanto el hecho de comprometerte a ser una líder honesta, o una amiga fiel, como crear un proyecto solidario.

Todo es válido.

¿Tienes un propósito? Genial.

¿No lo tienes? Genial también, ya lo tendrás.

El propósito no tiene que ver con un fin o una meta, sino con una forma de vida. No es el fin de la vida misma, sino la forma de vivirla.

Llegadas a este punto te propongo una visión más flexible:

- Si no existe para ti un propósito único que debas encontrar o que no hayas encontrado, acéptalo como una opción igual de válida y no te presiones. No vas a ser menos feliz que otros que quizá puedan sentir que lo tienen o lo han encontrado.
- Define y construye tu propósito como algo único y diferente al resto desde la libertad y autonomía de tomar tus propias decisiones.
- Empieza por descubrir lo que realmente es importante para ti, identifica tus valores y deseos personales y a partir de ahí empieza a tomar decisiones.
- Piensa en el propósito no como una meta final inamovible, sino como un proyecto en constante construcción que puede ser modificado y que puede evolucionar.
- Asume la responsabilidad (esta es la parte más difícil). Tienes un poder que es la libertad de decidir cómo quieres que sea tu vida. Este poder conlleva dejar de buscar culpables o de tirar balones fuera por falta de dirección.

¿Qué implicaciones tiene esta (re)versión de propósito?

- Libertad: eres libre de decidir cómo quieres vivir tu vida. El propósito no es algo que se encuentra, sino algo que se elige y se construye.
- Dinamismo: no es algo estático, evoluciona contigo a lo

largo de tu vida en función de tus circunstancias y contextos.
- Autenticidad: elegir y construir el propósito requiere un punto de partida que es el de descubrir y asumir quiénes somos y qué queremos.

El propósito no tiene que ver con una misión o fin único, sino con un camino de coherencia con una misma que requiere descubrimiento, aceptación y confianza.

Aceptar el propósito como un compromiso de coherencia contigo misma supone aceptar la libertad de definirlo, pero también la responsabilidad de construirlo.

En definitiva, no se trata de si existe o no el propósito, sino del sentido que le damos y de cómo nos acerca a una vida más auténtica, más plena y coherente: una vida con sentido.

No tengo pasión por mi trabajo

Mientras te hablaba de la idea de un propósito como un futuro predestinado y de cómo nos lleva a expectativas idealizadas y poco realistas, incluía una referencia a otra creencia que puede ser igual de perjudicial: la pasión por el trabajo.

Y es que uno de los errores que suelen cometer algunas personas que están quemadas en el trabajo es tratar de justificar su insatisfacción con la responsabilidad por no haber encontrado su verdadera pasión. Como si esta suposición, más bien simplista y peligrosa, fuera la panacea que solucionara los males de todas las personas que están mal en el trabajo.

La idea de tener que amar lo que haces no solo puede llevarte a tomar decisiones equivocadas en un momento en el que parece que todo se tambalea, sino que, además, puede perpetuar la sensación de estar estancada, perdida e insatisfecha.

Hace ya un tiempo escribí una *newsletter* titulada «¿Trabajo ideal o realidad laboral? Rompiendo mitos». En ella hablaba de que existe cierta corriente que está generando muchas falsas expectativas e idealizando determinadas situaciones y que solo lleva a la frustración y a la búsqueda de situaciones irreales. Incluso a los cambios de trabajo crónicos. Y eso resulta agotador.

Sí creo que existe un trabajo ideal para cada una de nosotras. Un trabajo en el que te sientas satisfecha y realizada, pero depende de múltiples factores, diferentes para cada una. Y no es *conditio sine qua non* que exista pasión, porque también se construye.

Hay muchas personas siendo felices porque tienen un trabajo con condiciones envidiables, porque cumplen objetivos o por ser las mejores en lo suyo. Y hay otras tantas que han terminado odiando lo que hacen a pesar de amar a lo que se dedican.

Y esto me lleva al quid de la cuestión: la pasión y la vocación no son los mejores ni los únicos imprescindibles para estar bien en el trabajo y tener una vida plena.

Pero ¿qué significan vocación y pasión entonces?

Voy a compartirte mi punto de vista personal, y el que compartí en esa *newsletter*, basado en mi propia experiencia y en la de todos los casos de procesos de *coaching* en los que he acompañado.

La vocación existe en muy pocas profesiones. En concreto, en aquellas que tienen un fin que va mucho más allá de realizar una tarea o un proyecto. Tienen que ver con valores fundamentales y temas vitales. Hablo de los médicos que salvan vidas, de los jueces que castigan a criminales, biólogos y científicos que descubren la cura de enfermedades, etc.

De otro lado, la pasión tiene que ver con un fuerte interés sobre una idea, actividad, cosa o persona. Cuando hablamos del trabajo puede ser respecto a un sector, una empresa, una habilidad, o incluso un proyecto.

Pero para que nos entendamos, un director de marketing no tiene un amor desenfrenado por el marketing, o un *project manager*, por la gestión de proyectos. En cambio sí pueden tener un interés genuino y que les guste el día a día que implica su posición.

Después de enviar la *newsletter* recibí un comentario relacionado con mi posicionamiento. Se trataba de una lectora que además era médica y quería escribirme porque mi contenido le había ayudado mucho en el proceso de *burnout*, pero quería compartirme una reflexión sobre idealizar la vocación. Me explicó que la romantización de su sector parece justificar las condiciones precarias con las que lidian a diario, como las guardias de veinticuatro horas sin descansos y las cincuenta o sesenta horas semanales de trabajo.

Añadía además en su comentario que muchos estudian esta carrera por otros motivos que los de salvar vidas, que algunos incluso terminan por arrepentirse, y que lo único que quieren es poder hacer su trabajo y disfrutar de su vida personal al salir, sin que se les exijan grandes sacrificios a costa de la mal entendida vocación.

Existe una presión excesiva e innecesaria de sentir «pasión» o «tener vocación» por el trabajo como las únicas formas de tener una vida satisfactoria por darle al trabajo el lugar que se supone que le corresponde.

Se ha creado una corriente de personas que trabajan en jornadas infinitas y nos cuentan en un vídeo de Instagram manipulado y guionizado que para ellos esto no es trabajo, que disfrutan mucho de lo que hacen y que lo harían incluso si no les pagaran. O que son capaces de renunciar a tener una vida personal porque lo que están construyendo va más allá de un trabajo.

Esto es algo que queda muy bonito y peliculero, pero mal contado, o si no se pone en contexto con sus luces y sus sombras, tiene mucho riesgo y es información que hay que coger con pinzas.

«Trabajar en lo que te gusta» sigue siendo un trabajo, con complicaciones, riesgos y esfuerzo. Hay muchas personas quemadas porque han llevado al extremo estas ideas sobre el trabajo.

¿Por qué no estoy a favor de esta visión del trabajo?

1. Sitúa el trabajo en el centro: el trabajo es parte de nuestra vida, parte de nuestra satisfacción y realización, pero no es el único factor ni el más importante.

2. Genera mucha frustración porque la búsqueda de un intangible puede volverse eterna y desesperante, consiguiendo que entres en una espiral de cambios de la que difícilmente vas a poder salir si no es quemada o estresada.
3. La satisfacción en el trabajo viene dada por otros factores, igual o más importantes. Recuerda que las actividades que te gustan pueden ser hobbies, no necesitas instrumentalizar cada cosa que disfrutas haciendo.

La vocación y la pasión tienen algo en común tal y como nos lo cuentan: parece que vienen dadas (como el propósito; de hecho, a veces coinciden), así que encontrarlas a temprana edad supone una ventaja profesional y vital. Pero lo cierto es que más allá de entenderlas como expongo, y quizá más en el caso de la segunda, no tengo dudas de que la pasión por el trabajo no se encuentra, se construye.

El 90 por ciento de las personas que dicen tener pasión por su trabajo son personas que están motivadas, realizadas y se sienten satisfechas con lo que hacen. Pero no tienen un sentimiento desmedido por las matemáticas o la programación más allá del que despierta un interés o motivación.

Es algo terrenal, no un misterio o el santo grial, ya que lo que sí es muy probable que ocurra es que su satisfacción sea el resultado de un equilibrio en el que confluyen: intereses personales + condiciones + entorno.

La satisfacción laboral puede tener su origen en diferentes factores: realización personal, relaciones interpersonales, rutina, o incluso un sueldo que te permita hacer realidad tus sueños más allá del trabajo.

Recuerdo que una vez una chica, Marina, llegó al proceso de *coaching* porque decía que su trabajo no le gustaba. Que durante un tiempo lo disfrutó pero que ahora se sentía desconectada y que quería ver otras opciones.

En un momento dado dijo la frase: «Es que yo no tengo pasión por mi trabajo como mis amigas». Le pregunté, más allá del significado de pasión, a qué se dedicaban sus amigas. Ella me contestó: «Carlota es auditora y Marta trabaja como *UX designer* en una *startup*».

Carlota no es una enamorada de estudiar los estados financieros de las empresas, pero tiene un interés especial por la resolución de problemas y además es muy analítica, se le da muy bien porque forma parte de su forma de ser: el detalle, la lógica, los hechos. Está en contacto diario con algo que le gusta hacer y que además se le da bien. Ha encontrado una profesión a su medida y lo ha hecho en un entorno que le favorece, una empresa pequeña que no la exprime en cuanto a sobrecarga de trabajo, como ocurre con las que todos conocemos de gran renombre; y, además, tiene un sueldo que le permite mantener su estilo de vida.

Marta tiene una posición de manager, siempre había querido llevar equipo, le encantan los retos y ponerse a prueba. Es muy creativa y le gusta salirse de lo estándar para plantear opciones que, aunque parezcan una locura en un primer momento, suelen aportar las mayores conversiones de la empresa a nivel digital. Por eso tiene un sueldo por encima de la media y la confianza de todo el equipo directivo para hacer y deshacer como quiera.

Aunque le interesa, Marta no es una apasionada del diseño UX, a ella lo que le gusta realmente son los retos, hacer lo que se le antoje y pensar diferente. Ver cómo se reconoce y se valora su talento y cómo sus ideas resuelven problemas de la empresa que consiguen que sea todavía más rentable a nivel financiero. Marta es una persona que se siente realizada en su trabajo porque ve cómo lo que hace tiene un impacto.

Al final de la sesión, en la que estuvimos indagando en la vida de sus amigas y en esa creencia de que ella era la única que no estaba satisfecha en el ámbito laboral porque no tenía pasión por su trabajo, Marina llegó a la misma conclusión que yo hace unos años: pasión y vocación no son una condición *sine qua non* para la satisfacción laboral, sino que pueden construirse combinando factores positivos de tu trabajo que son imprescindibles para ti según tus prioridades (valores) y actividades que están directamente relacionadas con lo que te gusta y lo que se te da bien.

La satisfacción laboral no es cuestión de pasión, sino de equilibrio entre lo que disfrutas, lo que haces bien y lo que valoras. Y esta es una perspectiva mucho más amplia y realista que la de tener que «enamorarte» de tu trabajo.

De hecho, déjame que comparta contigo dos referencias al respecto:

- Cal Newport sostiene que no se trata de tener pasión por tu trabajo, sino de tener una vida profesional apasionante y con sentido.
- Y de acuerdo con las conclusiones de una de las investigaciones de Amy Wrzesniewski, profesora de Conducta Organizacional en la Universidad de Yale, las personas más felices en el trabajo son las que han dedicado suficiente tiempo a ser muy competentes en lo que hacen.

Siempre hay que aspirar a más

Al igual que Marina, hay mucha gente que está satisfecha en su trabajo, pero que no es consciente. No es consciente porque el ruido es tan alto que distorsiona la realidad.

Hay muchas oportunidades ahí fuera hoy en día, la digitalización y el emprendimiento han abierto un abanico de posibilidades que antes no existían y que son en realidad más una forma de vida en sí mismas que un tipo de trabajo.

Así que muchas veces cuando alguien tiene un trabajo «estándar» con una posición «normalita» y un sueldo correcto, en vez de dejarle en paz y que siga su vida de la forma en la que le funciona, le decimos que eso es ser un conformista.

«Siempre hay que aspirar a más, porque conformarse es de vagos» es el mensaje que estamos acostumbrados a escuchar desde que somos pequeños. Claro, quién quiere un vago en el trabajo, en casa o en una cita. De hecho, si lo piensas, ¿pondrías en tu perfil de Tinder «me gusta mi vida, me conformo con lo que tengo»?

Seamos sinceros, lo de «no necesito más» no está bien visto. Y yo he vivido muchos años (y sigo trabajando mucho en ello) pensando que nunca nada es suficiente. Nunca es suficiente buen trabajo, suficiente buen sueldo, suficiente en forma, suficiente buenas notas, suficiente bienestar… La rueda de hámster ya es un peligro por sí sola, pero si además el sistema nos convierte en esclavas de sus propias trampas, centradas básicamente en mantenernos ocupadas por tener y demostrar más, entonces estamos perdidas, pues olvidamos cuál es el verdadero problema: saber quiénes somos y qué queremos.

El problema no es aspirar a más, sino por qué o por quién decidimos hacerlo: desde la autenticidad, es decir, porque quiero probar algo nuevo y mi sector ya no me motiva; o desde la presión, es decir, a pesar de estar satisfecha en mi empresa, decido buscar oportunidades de promoción porque todo mi círculo está accediendo a puestos mejores y si no siento que soy la única que no evoluciona.

Crecer no siempre es la mejor opción si la intención no se corresponde con un interés genuino. A veces la mejor decisión no es aspirar a más, sino simplemente aceptar y elegir lo que realmente es suficiente para ti. Sin comparaciones ni juicios.

Porque cuando aspiramos a más sin preguntarnos para qué, entramos en una espiral de insatisfacción constante donde el éxito y el progreso no se miden por lo que soy, sino por lo que tengo. De tal forma que siempre necesito tener más, y esa carrera de fondo es absurda, porque no tiene fin. Siempre habrá un vecino con un coche mejor, un amigo que tenga un puesto con un sueldo mejor o incluso una casa con una decoración de Navidad mejor.

Ahora bien, ¿de dónde viene esa creencia de que somos lo que hacemos y que nuestro valor depende de los éxitos y logros que consigamos? Hay varias razones que podríamos analizar a nivel sociológico y psicológico, pero quiero destacar tres que seguro que te resultarán familiares:

1. Desde pequeñas hemos aprendido a valorar más los resultados que el proceso. Las notas, las competiciones, los premios y el reconocimiento social refuerzan que somos lo que hacemos. Por eso, cuando el resultado final no es el esperado, lo asumimos como un fracaso.
2. Un sistema capitalista en el que el éxito laboral y económico se convierten en un marcador de estatus y autoestima. Motivo por el cual la identidad personal queda fusionada con nuestro desempeño profesional, que será el que determinará nuestro valor.
3. Redes sociales. Hemos normalizado compararnos constantemente con los demás, y es un riesgo hacerlo especialmente con vidas que, en la mayoría de los casos, son solo representaciones idealizadas de una realidad contada a medias. En consecuencia, terminamos por distorsionar nuestra percepción de lo que realmente importa.

La diferencia entre ser y tener es, por tanto, la clave en este punto, pero es una distinción difícil de entender e integrar, porque estamos contaminados por los anuncios de publicidad con campañas que nos hacen creer que necesitamos más para ser felices, y con las traicioneras redes sociales, donde solo vemos lo bonito que cada uno quiera vender pero que generan en cada *scroll* un sentimiento de inferioridad e insuficiencia que la mayoría cubre con nuevas necesidades inventadas.

Y entonces terminamos en trabajos que no queremos ni nos gustan para poder pagar cosas que no necesitamos ni nos hacen felices. Trabajando hasta las tantas para demostrar a la empresa que somos personas comprometidas para que nos tengan en cuenta para la siguiente promoción y poder pagar un viaje a un destino que se ha puesto de moda pero que nunca nos habíamos planteado. Soportando a un compañero que nos acosa porque queremos mantener el puesto a toda costa ya que parece que por fin la familia y entorno nos respetan y no queremos perder el estatus social.

Y así, suma y sigue.

Cuando estamos demasiado enfocadas en el hacer y el tener, el trabajo ocupa un papel central en nuestra vida. Todo gira en torno a una posición, una empresa o un sueldo, porque se convierten en signos de identidad, éxito y progreso. Por eso nos cuesta tanto tomar decisiones. Porque perderlos supondría perder quienes somos.

Hasta que dejar el empleo significa poner en riesgo tu identidad, tren de vida y todas tus aspiraciones futuras. Recuerdo una vez en que una chica me dijo en una sesión: «Tengo miedo de perder mi estatus social si dejo este trabajo y no consigo igualar al tipo de empresa y condiciones». Hablo de una persona con crisis de ansiedad laboral día sí día también desde hacía meses.

Por eso me parece importante hacer aquí un alto en el camino para aclarar una distinción que tiene un impacto directo en nuestra identidad y en cómo vivimos nuestras vidas: ser, hacer y tener.

- Ser: nuestra esencia, quiénes somos realmente.
- Hacer: nuestras acciones, cómo nos comportamos.
- Tener: nuestras posesiones y logros tangibles.

El orden en el que deberíamos vivir y tomar decisiones es ser - hacer - tener. Pero vivimos normalmente en un sentido opuesto porque la mayoría hemos crecido con la creencia de que «soy lo que tengo».

Es decir, primero tengo, para luego hacer y finalmente ser. Cuando tenga una casa en la montaña esquiaré todos los fines de semana como siempre he querido y solo entonces seré feliz. Esta suele ser la secuencia más habitual.

O, cuando consiga ascender por fin me pagarán el sueldo con el que podré comprarme una casa con una hipoteca que pueda pagar y entonces seré una persona más tranquila y feliz porque tendré un hogar que será mío.

Una vez más, el orden de los factores sí altera el producto. Debes descubrir quién eres primero, para averiguar qué quieres hacer y en consecuencia tener lo que realmente suma a tu vida.

Estamos tan focalizadas en el tener y el hacer que hemos olvidado por completo quiénes somos, si es que alguna vez lo supimos. Ese es el motivo por el que el marco de referencia es el principio de un proceso de cambio para tomar decisiones desde un lugar distinto: más coherente, más auténtico y con más sentido.

Piénsalo por un momento, imagina tu ser como dos partes de un todo:

1. Tu esencia
2. El personaje

El personaje está creado por expectativas, relojes sociales, y narrativas como el propósito y el «soy lo que tengo», entre otras muchas creencias que hemos ido absorbiendo de forma tanto consciente como inconsciente, a lo largo del tiempo. Después de tantos años, el personaje se ha comido a la actriz.

Vivir desde el ser implica una conexión real con una misma. Y esa conexión significa aceptar y confiar en lo que hay, en lo que somos, entender nuestras fortalezas, pero también las áreas de mejora. Comprender nuestras preferencias de comportamiento y diseñar unas líneas guía que, bajo ningún concepto, si no es con nuestro permiso, podrán ser traspasadas.

Vivir desde el ser significa elegir elegirte, significa vivir y decidir a tu favor. Y nuestra opinión es la que menos cuenta cuando se genera un momento de quiebre, no porque otros no quieran tenerla en cuenta, sino porque no la escuchamos. No somos capaces de oírla. Por eso cuesta tanto tomar decisiones, porque las opiniones de otros hablan mucho más alto, y nos hemos acostumbrado a darles prioridad.

Este cambio de mentalidad es el que te permite llegar a tus objetivos de una forma más efectiva y con menos sufrimiento.

Es clave situar el trabajo no como el centro de nuestra vida, sino como el medio para un fin: la vida que queremos vivir.

La narrativa de «aspirar a más» lo único que genera es:

- Incapacidad permanente para sentirnos realizadas.
- Frustración constante por no saber estar presentes.

En consecuencia:

- Nos convierte en prisioneras de las expectativas de terceros. Y cumplir las expectativas de otros es muy exigente.
- Falta de confianza y autoestima. Porque nunca es suficiente, siempre nos estaremos quedando atrás en comparación con otros
- Ansiedad y estrés. Porque vivo siempre pensando en el futuro, en todo lo que me falta por conseguir, sin vivir ni disfrutar el presente.

Si lo piensas, ¿quiénes somos realmente? Más allá de dónde vivimos, de los títulos que tenemos, el coche que conducimos o la ropa que compramos. ¿Quiénes somos más allá de la universidad en la que hemos estudiado, el sueldo que cobramos o si tenemos o no una casa en la montaña?

Es imposible tener una vida plena si dependemos siempre de que otros definan nuestro sentido de éxito y valor, porque nunca será suficiente. Y esta presión de siempre aspirar a más y nunca estar satisfechas nos aleja del bien más preciado que tenemos: nuestro verdadero ser.

Y nuestro verdadero ser es el único que permanece fiel, al único que le parece bien cualquier cosa que hagamos y tengamos. Solo nos pone una condición sin la cual debería ser imposible vivir: coherencia con nosotras mismas.

Esa coherencia es la que nos da la libertad para elegir, mover las fichas del tablero y construir la vida que queremos vivir. Solo así puede existir satisfacción por el camino que hemos elegido y que disfrutamos a diario. Esa sí es una vida plena y de éxito. Una vida sin cadenas.

La moda de dejarlo todo para irse a Bali

Toca pasar de cadenas antiguas a unas nuevas. Porque, aunque no lo creas, todas estas aspiraciones y películas son cadenas también, son otras expectativas sociales, más modernas, sí, pero que nos condicionan igualmente.

La dinámica de dejarlo todo para reinventarse de forma radical si ves que algo no funciona en tu vida o no estás bien en el trabajo se ha vuelto una narrativa más, una tendencia idealizada del famoso «empezar de cero».

Bali no es solo un destino, Bali forma parte de una corriente moderna de escapismo que no siempre funciona. Bali es un cambio de entorno, al fin y al cabo, que es clave para salir de la rueda de hámster, pero se ha romantizado de tal forma dejar atrás todo lo que conoces como si no hubiera un mañana, que parece que al coger el avión todos tus problemas y estrés desaparecerán como por arte de magia.

Y nada más lejos de la realidad. Esos problemas van a seguir esperando.

Todos hemos visto y vemos en redes sociales a gente que parece que ha encontrado en Bali el lugar perfecto para empezar de cero. Las villas por pocos euros que equivaldrían a un cuchitril de 25 m² aquí en España. Las vistas desde cualquiera de los puntos en los que evites entrar en lo amargo de un país que sigue en vías de desarrollo y que convive con mucha pobreza. Las playas paradisiacas para hacer un *break* que sustituyen al *brunch* en medio de las aglomeraciones y ruidos del Paseo de la Castellana o Rambla Catalunya, que además ya están muy vistos. También tienes los vaivenes con la moto para encontrarte con otros nómadas digitales que tratan de hacerse un sitio en un mundo en el que ya lo único que existe son la marca personal y un *high ticket* para ser alguien o construir *funnels* que te hagan rica lo antes posible.

Todo esto es lo que vemos en redes sociales; una vidorra, vamos. Una vidorra que es genial y que sí funciona para algunos, pero que no es la solución para todos.

Lo que no vemos es lo que te voy a contar, el caso de Guille. Trabajé con él en un proceso de *coaching*. Había hecho carrera en el sector audiovisual durante más de diez años y ahora trabajaba como *script* en una productora. En su último trabajo, en una de esas reuniones sorpresa que no esperas, le pidieron que recogiera sus cosas porque no contaban con él para el proyecto. Desde hacía unos meses existían desavenencias evidentes entre él y su jefa, así que era cuestión de tiempo que la empresa se decantara por uno u otro. Suele ser la solución más rápida para aquellas culturas corporativas que no quieren dedicar el tiempo necesario a revisar si sus valores y acciones están funcionando.

Él llevaba un tiempo dándole vueltas a otras opciones, opciones que tenían que ver más con esa parte del «ser» y que habían quedado abandonadas tratando de encajar en un mundo que quizá no estaba hecho a su medida. Me dijo que él lo que quería era volver a tocar el piano como había hecho con sus amigos cuando tenían la banda, un grupo de amigos que se había juntado y que, por no tener muchas expectativas, había terminado por recorrer varias ciudades de España haciendo su propia gira.

El miedo se apoderó de él y su futuro durante algunos meses, hasta que después de tres procesos con entrevistas para otros proyectos que no llegaron a buen puerto, decidió hacer las maletas y marcharse. No se fue a Bali, pero sí a recorrer Sudamérica. Lo que al principio iban a ser unos meses, se convirtió en un año. Y lo que iba a ser un año se convirtió en tres.

Cuando estos tres años terminaron y los ahorros eran casi inexistentes, volvió a Valencia, su ciudad. Fue pisar el aeropuerto y darse cuenta de que nada había cambiado. Su madre fue a recogerlo y lo llevó a casa, la que en adelante sería también la suya, al menos hasta que tuviera dinero y un plan de vida mínimamente viable. Dos noches le bastaron para reencontrarse con sus problemas: ¿qué quiero hacer con mi vida?

Las dudas no se habían disipado: seguían ahí, firmes, esperando a que alguien las resolviera. Habían viajado con él, pero no habían sido respondidas, simplemente olvidadas entre paisajes tropicales, nuevas culturas, aventuras increíbles y comida exótica. No me canso de decirlo: vayas adonde vayas, tus problemas estarán esperando a tu vuelta si no te encargas de ellos.

Igual que un trabajo para toda la vida no es para todo el mundo, tampoco ser un nómada digital que trabaja entre palmeras o viajando de continente en continente es para todo el mundo.

A mí me recuerda un poco, salvando las distancias, a cuando éramos pequeños y nos daba tanta pereza doblar la ropa y ordenarla que muchas veces la tirábamos al cubo de la ropa sucia. Con esa decisión en realidad tan premeditada, lo que hacíamos era un 2 × 1: nos deshacíamos del desorden visual y además retrasábamos el problema, ya nos ocuparíamos de la ropa sucia más adelante.

Yo no digo que todo el mundo que se marcha a Bali huya de los problemas, y tampoco que Bali no pueda ser una opción válida si lo que quieres es cambiar tu estilo de vida o emprender en un entorno que lo facilita. Lo que digo es que Bali no es para todo el mundo, y que lo que *a priori* puede parecer un cambio que solucione todas tus papeletas, quizá lo único que haga simplemente es retrasar enfrentarte a lo que en realidad está pasando.

Porque al final, el problema no es irse, sino por qué te vas.

¿Sabes por qué?

Porque un cambio de aires no conlleva un cambio de mentalidad o de hábitos si tú no los generas, un cambio de aires es simplemente eso si no lo aprovechas. Y si sabes cómo hacerlo, si alguien te acompaña y lo haces con estructura, hacerlo en tu ciudad o en Bali es simplemente una cuestión que tiene más que ver con un plano romántico del lugar donde te encuentras que con el problema.

Y ojo, si te inspira, te ayuda y te potencia, a mí me parece perfecto. Pero si estás huyendo, dilo.

Así que, si estás pensando en irte a Bali, antes de hacer maletas, yo lo que te recomiendo es que identifiques exactamente qué es lo que está pasando. Por qué estás así y qué te ha llevado a estar quemado.

Si al descubrirlo sigues pensando que un cambio de aires es necesario y encima te lo puedes permitir, adelante.

Pero recuerda que tus problemas no tienen prisa, ellos viajan contigo o te esperan.

Quédate con:

1. El propósito no tiene que ver con un destino o meta, sino con una forma de vida más auténtica, plena y coherente.
2. La pasión no es *conditio sine qua non* para amar lo que haces, porque la pasión también se construye.
3. El problema no es querer aspirar a más, sino el por qué o por quién decides hacerlo. Un trabajo no define quién eres, pero tus decisiones sí.
4. Un cambio de lugar no es la solución si no hay un trabajo interno real, porque los problemas te seguirán adonde vayas.
5. La clave no está en no seguir tendencias, sino en cuestionarlas para decidir si funcionan o no para ti y el momento en el que te encuentras.

PARTE II

¿QUÉ TE ESTÁ PASANDO?

CAPÍTULO 5

UN MAL TRABAJO ARRUINA TU VIDA

Un día te levantas y sientes que no puedes más. Estás agotada, solo tienes ganas de llorar y todo se te hace bola. Sientes que estás atrapada en un trabajo que no te gusta ni te llena, que te has dejado y que ya no reconoces la persona que eres. Has cedido demasiado y has olvidado priorizarte.

Lo que parecía solo una mala racha está durando demasiado, mucho más de lo esperado. Y todo esto te está superando, porque no duermes, te duele el cuerpo y has perdido la ilusión por completo.

Y no, no es normal sentirse así. No lo es y no tienes que vivir de ese modo. Por eso quiero que entiendas lo importante que es que decidas salir de ahí y descubrir qué lo está causando para poder atacar el problema de raíz.

Hasta ahora, hemos explorado y trabajado en el «cómo has llegado hasta aquí». Y con «aquí» me refiero al punto en el que te encuentras hoy, a tu yo actual, con todas las experiencias, aprendizajes y creencias que han ido moldeando quién eres a lo largo del camino. También has empezado a reconstruir tus cimientos con el marco de referencia para tener una base sólida desde la que poder tomar decisiones más coherentes contigo misma.

Lo que te propongo en esta segunda parte es profundizar en otra pieza fundamental del puzle, entender el presente: qué te está pasando y por qué te sientes así. A lo largo de este capítulo hablaremos de *burnout* e insatisfacción laboral, de cómo afectan a tu bienestar y de la importancia de identificar el origen del problema para poder solucionarlo.

El *burnout* es una de las experiencias más solitarias y dolorosas por las que he pasado. Una etapa de incomprensión y culpabilidad absoluta que nublaron cualquier ilusión que pudiera tener por pequeña que fuera. Por eso este proyecto es tan importante. No solo porque creo que el *burnout* muchas veces se puede prevenir, sino porque incluso cuando ocurre, se puede gestionar, revertir y volver a empezar.

Ojo, que con que se pueda prevenir no me refiero a que dependa solo de ti, son dos cosas distintas, porque establecer límites es clave, pero también existen factores estructurales que son inevitables, como las culturas corporativas tóxicas, la sobrecarga de trabajo o la falta de reconocimiento, entre otras.

Conocerte implica comprender qué factores internos y externos están afectando a tu bienestar para poder poner límites y aprender a protegerte de ellos. Identificar las señales de alarma es clave.

Esta parte es importante, léela con calma y trata de entender muy bien todo lo que te cuento. Recuerda que esto no es una tesis médica o psicológica, te hablo desde mi propia experiencia y después de todo este tiempo de investigación, formación y acompañamiento en *coaching* en el que he sacado mis propias conclusiones y aprendizajes.

Venga, vamos a empezar.

Burnout

Ya hace algunos años que se habla de los problemas de salud mental relacionados con el trabajo, pero hasta que no me ocurrió a mí, yo creía que el *burnout* eran más bien casos aislados. Sobre todo, pensaba que se trataba de problemas de personas que trabajan en algo que no soportan o en ambientes laborales que casi parecen más típicos de la época de los gladiadores que del siglo XXI.

¿Cómo podía quemarse alguien a quien le gusta su trabajo? Me parecía algo surrealista, hasta que me dio de lleno. Y no puedo decir que fuera sin avisar, la verdad, porque se fue gestando poco a poco, y más adelante hablaremos justamente de los principales síntomas y cómo reconocerlos.

Pero en mi caso fue un proyecto en el que de repente no estaba involucrada, una mala contestación que se volvió costumbre, jugadas sucias de las que no fui consciente hasta que fue demasiado tarde, falta de reconocimiento... Cada acto, palabra o gesto de dolor se convertía en una respuesta física: dolores de barriga, ataques de ansiedad, ganas de llorar, apatía... Hasta que se hizo insoportable para mí.

Yo nunca pensé que un trabajo que disfrutas haciendo pudiera convertirse en tu peor pesadilla. Que perdería por completo las ganas de todo y que me dolería tanto todo el cuerpo. Sé que hubo señales, porque las hubo. Y sé que cuando dije la primera vez «me marcho de aquí» debí seguir mi intuición, pero no fue así.

Un día leí que si pones un sapo en agua hirviendo, saltará de forma automática para escapar del peligro. Pero que si lo pones en agua fría y calientas el agua lentamente, el sapo no se dará cuenta y morirá sin intentar escapar. Eso es exactamente lo que ocurre con el *burnout* o síndrome del trabajador quemado: es silencioso, gradual y constante. Un día, sin darte cuenta, simplemente será demasiado tarde: no será solo un bajón, solo un mal día o solo un dolor de espalda. Será más bien: no tengo ganas de nada, he perdido la ilusión, nada me motiva.

El *burnout* no sucede de un día para otro. Es como el agua, empieza a hervir poco a poco hasta que te quema.

Por eso insisto tanto en identificar y trabajar las señales de insatisfacción laboral. Cuando hablo de personas que están quemadas en el trabajo no me refiero solo en un sentido clínico de diagnóstico, sino también personas que saben que algo no funciona y que están siendo incapaces de transitar su vida con cierta normalidad.

Personas que se levantan por la mañana llorando. Que les duele la barriga cuando reciben un mail de su jefe. A las que los domingos por la tarde les entra ansiedad. Que han dejado de tener ilusión y que dedican el 30 por ciento de su tiempo al trabajo, uno que no les gusta, no les llena o les impide vivir. Y cuando me refiero a que les impide vivir, hablo de dejar de hacer actividades que disfrutas, de tener tiempo para tus amigos o de poder estar tranquila en casa con tu pareja hablando de algo que no sea lo jodida que estás en el trabajo.

Un trabajo que te lleva al límite no es solo uno que te hace la vida imposible porque tengas una mala relación o pésimas condiciones. Es también un trabajo que ha dejado de funcionar para ti pero que eres incapaz de dejar. Porque no sabes qué hacer, porque tienes miedo o porque estás «casada» con la empresa (hablaremos de esto más adelante).

Una vez una chica, Paula, me dijo en una sesión: «El otro día le comentaba a un antiguo compañero de trabajo lo que me estaba pasando. Que soy consciente de que aquí tengo muy buenas condiciones, que he podido hacer carrera y he hecho todo lo que me ha dado la gana. Pero que también siento que estoy en un punto en el que hay muchas cosas que no funcionan para mí y que no se están haciendo bien. A veces pienso, Andrea, que un mal trabajo es como una relación tóxica, unos días te quiero y otros no te soporto».

Me quedé pensando al terminar porque la metáfora me pareció que no podía ser más acertada. Y lo es: un mal trabajo puede ser como una relación tóxica. Y la parte más difícil, cuando esto ocurre, no es solo identificarlo, sino encontrar la fuerza para dejarlo. Porque curiosamente muchas veces creemos que el problema lo tenemos nosotras y terminamos por sentirnos culpables. A pesar de todo el sufrimiento y el dolor que llevamos a cuestas, pensamos que otra lo aguantaría, que igual solo es un bache, que estamos demasiado sensibles o que deberíamos quejarnos un poco menos.

Pero la realidad es que ese trabajo que a todo el mundo le parece tan perfecto, a ti te está matando lentamente. Y como una relación tóxica, aunque a veces parezca que la cosa mejora, siempre termina en el mismo punto, siendo destructivo.

Recuerda que el éxito no consiste en ser capaz de aguantar, sino en saber cuándo es momento de irse.

Tiene que funcionar para ti, no para los demás. Si a otros les parece que no tienes motivos para quejarte o que es el trabajo más maravilloso del mundo, que lo hagan ellos.

A mí me gusta explicar mi caso a través de las emociones que fui sintiendo, porque creo que ayuda mucho a entender por lo que está pasando alguien que sufre en el trabajo. En mi caso fueron:

- Culpa: porque pensé que a otra no le hubiera pasado lo mismo, que hubiera sabido ponerle remedio antes.
- Inseguridad: porque dudaba de todo lo que hacía, perdí la confianza en mí misma incluso para las cosas más sencillas.
- Desamparo: porque no encontraba las herramientas ni el apoyo en el entorno laboral.
- Tristeza: porque creía que nada tenía sentido, todo me costaba un mundo.

- Miedo: porque pensaba que no iba a terminar nunca, en muchos momentos no veía la luz y se hacía demasiado cuesta arriba.

Llegadas a este punto, seguramente te estarás preguntando si *burnout* e insatisfacción laboral son lo mismo. Pues, aunque están conectados, no son lo mismo ni necesariamente uno lleva al otro.

En el caso de la insatisfacción laboral la sensación es más parecida al descontento o hastío con respecto a tu trabajo. Puede que ocurra porque el sector al que te dedicas ya no te motiva, porque sientes que no puedes crecer y estás estancada, o porque el ambiente es muy tóxico, por ejemplo.

Es una sensación de incomodidad que impacta en tu día a día, pero que no te incapacita. Empiezas a estar quemada, pero no has llegado al límite. Puedes hacer tu vida con cierta normalidad.

El *burnout*, en cambio, es un estado de agotamiento mental, emocional y físico extremo. Va mucho más allá de si te gusta o no tu trabajo, es una sensación de bloqueo y de cansancio que no te deja avanzar. Has perdido la ilusión y estás totalmente desconectada de ti y del mundo en general. Quieres avanzar, quieres mejorar tu vida, pero es como si una fuerza oscura muy poderosa te lo impidiera.

No todas las personas insatisfechas con su trabajo llegan al *burnout*, pero todas las personas con *burnout* han pasado antes por una etapa de insatisfacción laboral. Y con insatisfacción laboral no me refiero a días en los que no te apetece ir a la oficina, o a etapas en las que tienes más carga de trabajo. Me refiero a un estado de malestar sostenido en el tiempo que se genera por situaciones como: sentir que el volumen de trabajo es inasumible como norma, estar sometida a una presión constante o a expectativas que son inalcanzables, no recibir *feedback* ni reconocimiento por parte del manager o del equipo, etc. Me refiero a todo aquello que pueda afectarte a nivel mental, emocional o físico de forma continuada en el tiempo.

Hablaremos más adelante en detalle de la insatisfacción laboral, pero antes quiero compartir contigo un resumen de posibles síntomas y causas del *burnout* que he creado a partir de mi experiencia y de guías como la *Harvard Business Review*:

Síntoma 1: AGOTAMIENTO

- Puede ser físico, emocional o mental.
- Te impide trabajar de forma eficaz.
- El cansancio y apatía son de tal grado que te es imposible reponerte.

  Causas del agotamiento: Principalmente aquellas relacionadas con una cultura corporativa tóxica:
  - Horarios de trabajo 24/7.
  - Altos niveles de exigencia.
  - Presión laboral.
  - Sobrecarga de trabajo.

Síntoma 2: DESPERSONALIZACIÓN

- Deterioro o pérdida del compromiso.
- Distanciamiento psicológico del trabajo.
- Dejas de sentirte involucrado
- Ya no disfrutas del trabajo y te sientes totalmente desconectada.

Causas de la despersonalización:

- Conflictos o injusticias en el trabajo.
- No participar en la toma de decisiones o proyectos relevantes.
- Falta de definición de roles y mandos.

Síntoma 3: INEFICACIA

Suele aparecer junto a los síntomas de agotamiento y despersonalización.

- No te sientes capaz ni competente.
- Apatía y falta de productividad.
- Disminuyen tus habilidades o no puedes realizar ciertas tareas.

Causas de la ineficacia:

- Falta de recursos y apoyo necesario.
- Desvalorización de tu puesto de trabajo.
- *Micromanagement.**
- Falta de reconocimiento.

La intención de compartirte este breve resumen sobre los síntomas y causas no es que te autodiagnostiques, es que pidas ayuda a un profesional de la salud mental si te sientes identificada y crees que puede ser tu caso.

Insisto, el *burnout* no sucede de un día para otro. Así que tan pronto empieces a identificar señales, no hagas como si nada o el agua te acabará quemando.

* Ocurre cuando un jefe/jefa supervisa o controla de forma excesiva el trabajo de los miembros del equipo. Todas las decisiones tienen que pasar por su aprobación, le cuesta delegar o incluso está pendiente de cualquier mínimo detalle para que nada escape a su control.

Insatisfacción laboral: pilares

Como te decía, no todo el mundo que está mal en el trabajo sufre *burnout*. Antes de llegar a esa situación límite, casi siempre existe una fase previa de insatisfacción laboral. Y al igual que el *burnout*, puede darse en diferentes intensidades. Así que vamos a ver en qué consiste y cómo identificarla antes de que sea tarde.

Porque que no termine en *burnout* no significa que no pueda costarte tiempo, salud y recursos. De hecho, la insatisfacción puede llevarte a una situación de bloqueo y parálisis por sentirte incapaz de tomar una decisión que genera un estado de estrés y ansiedad terribles.

La insatisfacción laboral se siente como una losa que el entorno percibe como que «te quejas demasiado» o «solo un poco de estrés». Pero lidiar con la insatisfacción laboral tiene consecuencias en todos los sentidos.

Una mala relación con tu jefe puede no llevarte al agotamiento extremo, pero el miedo diario a enfrentarte a una mala respuesta o a quedar en ridículo en una reunión de equipo, sostenidos en el tiempo, sí.

Dice Oliver Burkeman que vivimos aproximadamente cuatro mil semanas si llegamos a los ochenta años. De esas cuatro mil semanas, si lo piensas, ¿cuántas pasamos trabajando? ¿Cuántas semanas con miedo a una mala reacción, con la tensión de no saber qué decir o la ansiedad por cumplir las expectativas en el trabajo? Es inconcebible pasar tanto tiempo de nuestra vida en un lugar en el que las horas no solo no pasan, sino que no somos felices y encima nos cuesta la salud.

La insatisfacción laboral tiene que ver con una sensación de descontento, sí, pero no se trata solo de que algo no te parezca bien o que pueda mejorar, tiene un impacto en tu día a día y en tu vida personal, llegando a ser una carga muy pesada.

Hay muchas causas distintas de insatisfacción laboral: personas que dejan de crecer en una empresa porque no encajan con la cultura corporativa. O que empiezan a dudar de sus capacidades porque la empresa paga por debajo de mercado. O incluso personas que están conectadas 24/7 al móvil porque responder un correo a las 23.00 no es abuso, sino compromiso.

A veces pensamos que es una chorrada que solo está en nuestra cabeza o que es normal estar así, pero créeme que la mayoría de las veces no lo es, pues de lo contrario no estaríamos hablando de estadísticas como las del estudio «Global Workforce of the Future 2023» de Adecco (compañía de recursos humanos) que muestra que la media a nivel mundial de trabajadores que han sufrido *burnout* es de un 65 por ciento; y de un 70 por ciento en el caso de los trabajadores españoles.

Las tres causas principales según el informe son:

- La sobrecarga de trabajo.
- La falta de liderazgo o soporte.
- Asumir más responsabilidades por despidos en la organización.

Algunas de las medidas para hacer frente a este contexto que propone el informe para las empresas son principalmente tres:

- Sesiones 1:1 por parte de los managers para animar a sus trabajadores a consumir y disfrutar sus días de vacaciones anuales.
- Asegurarse de que los perfiles directivos reciban formación y revisiones periódicas de bienestar ya que tienen altas probabilidades de sufrir agotamiento.
- Animar a los equipos a tomarse tiempo libre de descanso para poder cuidar la salud mental.

Después de mi experiencia personal en el ámbito laboral y de todos los casos en los que he estado acompañando como *coach*, te diré que suena muy bien esta propuesta, pero que del dicho al hecho, hay un trecho, y la realidad es que:

1. Puedes convencer al equipo de que coja sus días de vacaciones, pero de nada sirve si después lo sobrecargas de trabajo, porque el mensaje es contradictorio, no lo hará porque a su vuelta no sabrá ni cómo gestionarlo.
2. El tiempo libre para recargar pilas es una buena idea si no escribes a tu equipo con urgencias que han ocurrido, porque lo que pasa entonces es que tienen miedo de que los echen si no cumplen porque parecerá que no tienen suficiente compromiso con la empresa.
3. Las sesiones 1:1 están geniales si los managers saben realmente dar *feedback* y los trabajadores recibirlo, pero si no existe una cultura en la empresa que lo facilite, esas sesiones siempre suenan a reproche y están repletas de juicios.

Existen dos tipos de empresas: las que pasan olímpicamente de estos temas porque no son una prioridad, y las que intentan ponerle foco. Pero aun cuando una empresa tiene la buena intención de cuidar a sus empleados, no significa que lo consiga. Bien porque no tienen los medios, porque no consiguen un entorno de confianza, o por el motivo que sea. Por eso es tan importante que identifiques cómo te encuentras y que te hagas responsable de tu propio bienestar en la medida de lo posible.

Hay muchas razones por las que alguien puede quemarse en el trabajo, pero mi conclusión después de todo este tiempo es que todas pueden agruparse en cuatro grandes pilares: coherencia, reconocimiento, realización y entorno.

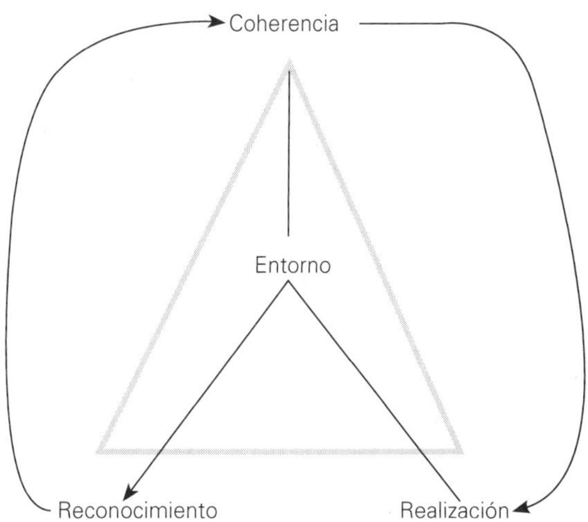

Siempre los dibujo en forma de triángulo porque forman parte de un todo, aunque no necesariamente han de coincidir en espacio y tiempo para que alguien esté satisfecho en su trabajo. Cada uno de ellos en su conjunto o de forma independiente representa una motivación intrínseca o extrínseca por la cual elegimos un trabajo, es decir, supone nuestro «para qué» de quedarnos.

La clave es:

1. que tu pilar fundamental esté cubierto en tu trabajo actual; o
2. que exista un equilibrio entre los cuatro pilares que para ti sea suficiente.

Pero antes de entrar a evaluar tu caso, vamos a ver en qué consisten y cómo funcionan estos cuatro pilares. Cuando lleguemos al entorno entenderás por qué se sitúa en el centro del triángulo.

Coherencia

Cuando hablo de coherencia en el contexto laboral me refiero a alinear nuestro trabajo con el tipo de vida que queremos vivir. Y esto tiene que ver con valores, intereses y objetivos vitales.

- Valores: ¿está en consonancia tu trabajo con tus prioridades?
- Intereses: ¿el tipo de trabajo que realizas te gusta / interesa?
- Metas: ¿tu trabajo te permite vivir la vida que quieres vivir?

Este primer pilar es clave porque está directamente relacionado con una motivación intrínseca, que es la que nos impulsa a darle un significado a nuestras decisiones y acciones a nivel vital.

Un cambio de prioridades, o incluso de carrera, son los casos más típicos relacionados con la coherencia. No quiero ponerte un ejemplo externo porque esto lo he vivido en mis propias carnes, así que quiero aprovecharlo y te hablaré de lo que me ocurrió a mí.

Tras varios años trabajando en despachos de abogados y muchos domingos de dolores de barriga y llantos porque empezaba la semana, yo dejé de intentar justificar todos los años de carrera universitaria y másteres quedándome en un trabajo que para mí era un suplicio.

El problema no era el trabajo, el entorno o mis compañeros, el problema era que a mí no me gustaba lo que hacía. El dolor de barriga que tenía y el estrés tenían que ver con una falta de coherencia entre lo que quería hacer y lo que estaba haciendo.

No tenía ni idea de cómo iba a explicarlo o de cómo iba a responder a las preguntas de «entonces por qué estudiaste Derecho», aunque yo tenía la respuesta: «Porque mi nota de corte era muy baja». Pero tenía claro que ahí no era.

Alucinarías con la cantidad de personas que me he encontrado en situaciones parecidas. Incluso algunas que han disfrutado muchísimo de su carrera profesional durante años, pero que, en un momento dado, se han dado cuenta de que simplemente habían evolucionado, y de que ese trabajo que tanto les había llenado ya no encajaba en sus prioridades.

Igual que también puede ocurrir que haya casos en los que haya otros intereses y queramos explorarlos. No hace falta justificarnos, es algo tan simple como querer hacer otras cosas que nos gustan.

Un ejemplo revelador de esto fue justo lo que le ocurrió a Gemma, a la que acompañé durante un proceso de *coaching*. Ella quería organizar su vida y priorizar su desarrollo personal para empezar a construir una vida que le llenara más a nivel espiritual. Se dio cuenta de que la decisión pasaba por reconocer que su trabajo no era una opción para ella. Estuvimos barajando posibles alternativas profesionales y vitales. Y cuando se planteó la posibilidad de ser más feliz empezando a hacer algo que siempre había querido hacer pero que dejó de lado porque no daba suficiente dinero, recuerdo que me dijo: «Andrea, tengo que pagar un alquiler, no me cuentes milongas».

Vale, Gemma necesitaba poder experimentar con otra motivación profesional, pero a su vez no quería dejar de tener cierta estabilidad financiera. Esto nos dejaba con dos opciones:

- Ahorrar durante unos meses en su trabajo actual para poder dejarlo y arriesgarse teniendo una red de seguridad.
- Seguir amargada en su puesto actual esperando al momento en que llegara a estar tan al límite que necesitara una baja médica.

Y aunque Gemma tenía que pagar un alquiler, eligió la primera. Porque recuerda: no se trata de soluciones inmediatas, sino efectivas. Y una solución solo puede funcionar si es la adecuada a tus circunstancias.

Estos casos de falta de coherencia son muy comunes en personas que han trabajado en el mundo corporativo o en «profesiones vocacionales». Estos perfiles suelen llegar a un punto en el que deciden que ya no quieren ese estilo de vida, a pesar de que lo que hacen les gusta, pero empiezan a priorizar otras áreas de su vida. Lo que hacemos entonces durante el proceso de *coaching* es empezar a definir cómo quieren vivir para luego pensar en las alternativas profesionales que puedan encajar en ese modelo de vida.

En uno de los casos en los que estuve acompañando, Núria, que trabajaba en una Big Four, me dijo que estaba harta de horarios, de exigencias y de la competitividad. Que quería cambiar de vida después de diez años dedicada a este tipo de empresa y sector.

Con Núria empezamos a trabajar en su marco de referencia y dedicamos mucho tiempo a la parte de valores, a sus prioridades en ese momento.

Hizo lo que yo llamo un quiebre. Había cumplido con todos los parámetros de lo que se espera que sea lo que comúnmente conocemos como una vida de éxito: dinero, un buen puesto, opciones de promoción, una gran empresa... Pero para ella ya no era suficiente.

Empezó a cuestionar el estilo de vida que llevaba: el barrio en el que vivía, la hipoteca que pagaba, el coche que tenía, las pocas vacaciones que disfrutaba, lo poco que veía a sus amigos... Todo.

No era la vida que quería tener. ¿De dónde venían esa necesidad y esa ambición desmedidas? ¿A qué tipo de vida la estaban llevando?

Hasta que un día me dijo: «Mira, Andrea, siento que me

estoy complicando la vida, sinceramente. Ni quiero tener que planificar tanto, ni quiero cuestionar todo tanto, ni quiero hacerlo todo tan complicado, porque cada cosa me parece un mundo. Quiero que mi vida sea más simple, sin tantas aspiraciones, solo el día a día, ralentizar el tiempo, tomarme un café con mi mejor amiga sin prisa, llegar a casa para pasear al perro sin estar sufriendo, plantearme ser madre sin tener que hacer una tesis para encajar una baja y los horarios de trabajo. Necesito algo más sencillo. Un horario, menos exigencia, menos presión, eso es lo que quiero.

El trabajo que hicimos con Núria fue el de revisar todos los posibles escenarios que pudieran cumplir con ese modelo de vida y por tanto planteamos:

1. Posiciones y roles que pudieran encajar más allá del que ella tenía como consultora sénior.
2. Tipos de empresa que por condiciones y cultura corporativa encajaran en sus necesidades actuales.

Núria entró en una empresa más pequeña para llevar la parte de estrategia digital con un sueldo bastante más modesto, pero con un mejor horario, con menos expectativas, y con menos presión diaria.

Salía a las seis de la tarde para poder ir a jugar al tenis con su amiga Alba y se apuntó a un curso de escritura simplemente por gusto.

Comparto contigo este ejemplo porque quiero que veas también que las elecciones no siempre son las perfectas, pero sí una combinación entre lo ideal, lo posible y lo necesario. Esa elección no tiene por qué ser para siempre, pero es un comienzo.

Y en este caso, como en todos, también hay renuncia, claro que sí. En el caso de Núria renunciaba a una identidad, a un sueldo, a un estilo de vida. Pero debes tener en cuenta que:

- Renunciar no significa perder, sino priorizar.
- Decidir no nos ata a un futuro permanente, siempre se pueden hacer ajustes.
- Nuestra identidad no es estática, evoluciona con nosotros.
- Necesitas más coherencia que seguridad, porque en realidad, nada es completamente seguro.
- Cada camino elegido desbloquea nuevas rutas y posibilidades.

Reconocimiento

Este pilar está directamente relacionado con la competencia: «Soy buena en lo que hago». Es decir, tiene que ver con nuestra capacidad para desempeñar eficazmente nuestro trabajo.

Cuanto más competente soy, más confianza, más ganas de mejorar, más valor en el mercado laboral, y por tanto mayor libertad para elegir el cómo y dónde queremos trabajar.

El reconocimiento depende de dos factores:

1. Competencia: es clave tener las habilidades, conocimientos y capacidades necesarias para desempeñar el rol o posición que ocupamos.
2. Cultura corporativa: el entorno profesional en el que te mueves debe promover el *feedback* proactivo y de forma adecuada en los equipos.

Cuando acompañaba a Silvia en un proceso de *coaching* para conseguir herramientas que la ayudaran a gestionar su síndrome de la impostora (a grandes rasgos, implica que a pesar de las evidencias crees que no eres suficientemente inteligente o capaz), llegamos un día a una conversación en la que me dijo «esto no me pasaría si en mi trabajo me valoraran». Le pregunté a qué se refería con eso.

Después de que despidieran al jefe de Silvia y mientras buscaban a la persona que pudiera ocupar su lugar, ella asumió responsabilidades y funciones que no le correspondían. Este desafío supuso un esfuerzo importante no solo a nivel de capacidades sino también de tiempo, porque tuvo que encargarse de proyectos para los que no se sentía preparada, y aun así los sacó adelante.

Entró el nuevo jefe, la vida siguió en la empresa y a pesar de todo el esfuerzo, nadie nunca le dio las gracias.

Me quedé escuchando y quise preguntarle en qué momento y de qué manera pudo la empresa reconducir la situación. Y mientras me respondía, como quien no quiere la cosa, me comentó, así como de soslayo, que a finales de año, en su revisión, le subieron el sueldo un 12 por ciento.

Silvia esperaba el reconocimiento de un modo y en un tiempo muy concreto. El hecho de que no se diera en sus condiciones específicas no significa que no llegara, pero ella lo interpretó así, con todas las consecuencias.

Se dio, pero de una forma distinta.

Cuando hablamos de reconocimiento, es importante diferenciar entre el externo y el interno. El externo tiene que ver con cómo nos perciben y nos valoran los demás, por ejemplo, nuestros jefes o compañeros de trabajo. Puede darse en forma de *feedback*, de promoción o de subida salarial. En cambio, el reconocimiento interno tiene que ver con la percepción que tenemos de nosotras mismas. Tiene que ver con valorar nuestras habilidades y competencias, el esfuerzo que hacemos o nuestros logros.

Es importante tenerlo en cuenta porque muchas veces esperamos que la valoración externa supla nuestra carencia de valoración interna, y pasamos a depender del reconocimiento de otras personas que, casualmente, nunca nos parece suficiente. Los dos tipos de reconocimiento son complementarios y necesarios para sentirnos satisfechas en el trabajo, y conseguir un equilibrio entre ambos tiene un impacto muy positivo en nuestra motivación diaria, eso está claro.

El de Silvia no es un caso aislado, y pone de relieve que el reconocimiento en el trabajo es fundamental para la satisfacción y el bienestar emocional. Pero también añade un punto clave, que es la importancia de las perspectivas antes de sacar conclusiones. Un aumento de sueldo es algo significativo, pero el valor del reconocimiento verbal en su caso era más importante si cabe.

A veces el reconocimiento es inexistente, puede pasar, y otras, no lo recibimos en la forma en la que esperamos o de manera explícita, pero eso no significa que no exista. Tenlo en cuenta.

Realización

Hablar de realización significa hablar de eficacia personal, que tiene que ver con cómo me siento yo con esto que estoy haciendo y con cómo lo hago. O, dicho de otra forma, tiene que ver tanto con tu gestión como con el impacto de tu trabajo.

Depende de dos aspectos fundamentales:

- Contribución e impacto: cuál es el valor que aportas a la empresa con el trabajo que realizas. No solo en cuanto a valor sino también en cuanto a capacidad para cumplir con los objetivos.
- Gestión personal: qué capacidad tienes para funcionar de forma autónoma y eficiente dentro de la empresa según las responsabilidades asignadas. Aquí hablamos de organización, toma de decisiones, resiliencia, etc.

En resumen, la realización en el trabajo tiene que ver con dos sensaciones clave:

1. Saber que tu trabajo tiene un impacto.
2. Tener control sobre tu desempeño y crecimiento profesional.

La falta de realización se da cuando:

- El rol no está bien definido.
- Las tareas que realizamos no tienen un objetivo o dirección claros.
- No contamos con los recursos o herramientas necesarias para gestionar nuestras responsabilidades.

Cristina trabajaba en una multinacional muy reconocida y tenía además muy buenas condiciones. Llevaba unos años esperando un cambio que le habían prometido y que era casi el paso natural dentro de la dinámica de crecimiento de la empresa.

Por algún motivo, su crecimiento estaba en pausa desde hacía más tiempo del esperado. Después de mucho insistir le ofrecieron una nueva posición de reciente construcción en otro departamento.

Con el tiempo se dio cuenta de que:

- Su posición no estaba definida: no sabía cuál era su función ni tampoco sus responsabilidades.
- Era un departamento sin recursos.
- No tenía objetivos concretos, ni como rol ni como departamento.

En una de las sesiones recuerdo que Cristina me dijo: «No sé qué me pasa, me doy cuenta de que me están arrinconando, pero no soy capaz de plantarme. Ayer justo hablaba con una amiga y ella me preguntaba: ¿Con el dinero que ganas no puedes simplemente pasar el tiempo? Me parece el trabajo ideal, te pagan una pasta por no hacer nada y encima tampoco te piden explicaciones».

Puede que para algunas personas esta relación profesional funcione porque la realización no es uno los pilares que sostiene su satisfacción en el trabajo, pero para otras supone una fuente de estrés y frustración. Y lo único que importa en estos casos es qué tal te está sentando a ti que eres a quien le afecta.

Un caso bastante común en el que suele darse esta falta de realización es el que conocemos como «calentar la silla». Es decir, tienes la sensación de que vas al trabajo a pasar las horas porque no hay proyectos importantes o no tienen continuidad, no existen objetivos de compañía o incluso las tareas asignadas casi son más un retroceso que un avance en tu crecimiento personal y profesional.

La realización es un pilar fundamental para la satisfacción laboral, nadie quiere dedicar el 30 por ciento de su tiempo (si no más) a pasar las horas cuando podría estar haciendo otras tantas cosas incluso más importantes. La realización alinea nuestro trabajo diario con aspiraciones más profundas, como el deseo de generar un impacto o de darle valor a lo que hacemos en nuestro día a día.

Entorno

Este es un pilar que debemos tener en cuenta de forma independiente como los otros tres, pero también como facilitador de la coherencia, la realización y el reconocimiento. Este es el motivo por el que se encuentra en el centro del triángulo.

Cuando me refiero a entorno hablo de la parte tangible (como la ubicación, el espacio físico o el salario) y también intangible del trabajo (como la cultura corporativa, las relaciones interpersonales o las oportunidades de desarrollo).

Como ocurre con los otros pilares, un buen entorno es algo subjetivo, así que depende de cada persona definirlo y descubrir cuáles son sus prioridades e innegociables. Por eso es tan importante conocerse no solo a nivel personal en cuanto a valores o necesidades, sino incluso a nivel de estilo o preferencias de comportamiento, porque el entorno adecuado puede marcar una diferencia de forma exponencial.

Para explicar cuál es el impacto que puede llegar a tener un mal entorno siempre utilizo la misma metáfora: ¿Sabes qué le pasa a un pez de agua dulce en agua salada? Que se muere.

Y lo mismo ocurre con cada una de nosotras en el entorno laboral equivocado. Podemos ser las mejores o las más competentes, pero si el entorno de trabajo no es el adecuado, creerás que no tienes las capacidades, y perderás poco a poco la confianza entrando en una espiral de negatividad que no hará más que generarte estrés y ansiedad. Y cuanto más te quedes, más te vas a quemar.

El entorno es fundamental, no solo por cómo puede llegar a potenciarte sino también por cómo puede llegar a exprimirte.

Muchas personas no son conscientes de lo que pueden llegar a pesarles en su día a día cosas tan simples como tardar más de una hora en desplazarse a su lugar de trabajo, o trabajar en espacios ruidosos en los que es imposible concentrarse, por ejemplo. Y esto forma parte del entorno.

Lo mismo ocurre cuando no se habla por miedo, debido a que hay ciertas palabras o frases que cuando está el jefe presente no se pueden decir porque se va a liar parda. Y no, esto no me lo estoy inventando, ocurre, aunque sean casos aislados. Y esto también es entorno.

Otro ejemplo de entorno es el trabajo en remoto (porque tiene que ver con la cultura de la empresa y condiciones). Desde la pandemia se empezó a instaurar un modelo de teletrabajo. Después se pasó al modelo híbrido, un 2/3 o 3/2. Pero muchas empresas han vuelto a un modelo de presencialidad del cien por cien y esto ha quemado a muchos trabajadores que, aunque no se sentían especialmente realizados con su trabajo, habían encontrado en el modelo flexible una ventaja que les permitía tener un equilibrio entre su vida personal y profesional que era un innegociable ahora para ellos.

Trabajé con Gonzalo en un proceso de *coaching* al que llegó tras renunciar a su trabajo como programador. Me dijo que no podía más, que desde la pandemia todo había ido a peor, que tenía muchas dudas sobre lo que hacía, que había perdido la motivación, que estaba estancado y que se estaba planteando un cambio de carrera.

Durante nuestras sesiones estuvimos hablando de cómo había cambiado la situación, de cómo era cuando disfrutaba de lo que hacía, de las cosas que él valoraba en el trabajo, etcétera. Y fue entonces cuando se dio cuenta de que la vuelta al modelo de presencialidad lo había cambiado todo. No solo por el hecho de tener que ir a diario a la oficina, sino porque todo había dado un giro: no había ningún tipo de flexibilidad, los jefes eran mucho más autoritarios y hacían *micromanagement*. El ambiente estaba muy tenso.

Trabajamos con Gonzalo revisando su trayectoria profesional, los momentos de mayor satisfacción a nivel laboral, sus fortalezas y sus intereses, y definimos lo que para él era negociable y lo que no en un entorno laboral ideal.

Las dudas sobre su carrera no aparecieron hasta unos meses después de la vuelta al trabajo con un modelo cien por cien presencial. Y cuando analizábamos su diario de actividades y proyectos que más le motivaban y que más energía le sumaban, siempre llegábamos al mismo punto: «Me gusta lo que hago, yo quiero seguir siendo programador, pero no aquí». Gonzalo había perdido la motivación, no en el qué, sino en el cómo y el dónde. Y este no es un caso aislado, es una situación muy común: muchas personas creen que tienen un problema con su carrera cuando, en realidad, el problema es el entorno.

Tu nivel de insatisfacción laboral

Si estás leyendo este libro ya eres consciente de que hay algo que no está funcionando como debería. Y me atrevería a decir que esto viene de largo, que no es solo cuestión de días. Puede que estés angustiada por una mala relación con tu jefe, frustrada porque crees que no te pagan lo suficiente, insegura porque nadie reconoce tu trabajo, o que sientas que tus prioridades han cambiado.

Sea lo que sea, en las siguientes páginas podrás ponerle nombre. Te acompañaré durante el proceso para que puedas identificar no solo tu nivel de insatisfacción laboral, sino también, y sobre todo, el motivo.

> De nada sirve ponerse a buscar soluciones sin saber qué hay que solucionar exactamente.

Así que vamos a empezar por evaluar cuál es tu nivel de insatisfacción laboral a partir de una evaluación de veinte preguntas. Esta evaluación o termómetro que he creado es muy valioso porque te ayuda a tener un punto de partida rápido y claro sobre el momento en el que estás y los factores que más te están afectando.

El termómetro de insatisfacción laboral evalúa diferentes

factores del trabajo y hace un recorrido por los cuatro pilares sobre los que te he hablado: coherencia, reconocimiento, realización y entorno.

- Coherencia: ¿mi trabajo está alineado con mi marco de referencia?
- Reconocimiento: ¿me siento valorada y reconocida por mis competencias?
- Realización: ¿siento que lo que hago tiene un impacto y que tengo autonomía?
- Entorno: ¿el contexto laboral me limita o me potencia?

Lee una a una las peguntas y puntúalas del 1 al 10 en función de cómo te sientes, siendo 0 «nada satisfecha» y 10 «muy satisfecha». No pienses en el resultado como un diagnóstico, sino como una toma de consciencia desde la que empezar a trabajar, así que te pido que seas muy honesta al responder.

Factores clave	**Puntuación**
¿Tu trabajo actual está alineado con tus valores personales?	
¿Te interesa y te motiva el sector en el que trabajas y las tareas que realizas?	
¿Sientes que tu trabajo te acerca al tipo de vida que quieres vivir?	
¿En tu trabajo te sientes valorada y reconocida?	
¿Tienes recursos y oportunidades para desarrollarte a nivel profesional?	
¿Recibes *feedback* constructivo de forma regular?	

Factores clave	**Puntuación**
¿Eres autónoma para tomar decisiones importantes y organizar tu día a día?	
¿Tus responsabilidades están definidas y está claro lo que se espera de ti?	
¿Sientes que dedicas la mayor parte de tu tiempo a tareas de valor?	
¿Cuentas con los recursos y herramientas necesarias para poder hacer tu trabajo?	
¿Sientes que tu trabajo contribuye a los objetivos de la empresa?	
¿Consideras que tu carga de trabajo es asumible y sostenible a largo plazo?	
¿Al finalizar tu jornada laboral puedes desconectar completamente del trabajo?	
¿Crees que tu salario es el que te corresponde por posición y responsabilidades?	
¿La empresa fomenta un ambiente de trabajo saludable y positivo?	
¿Tienes buena relación con tu equipo y compañeros de trabajo?	
¿Sientes que puedes expresarte sin miedo a represalias o juicios en tu equipo?	
¿Tu jefe facilita el trabajo o lo dificulta?	
¿El equipo con el que trabajas es estable o hay mucha rotación?	
¿La valoración de tus condiciones laborales (ubicación, flexibilidad, etc.) es positiva?	
Nivel de satisfacción laboral	

Una vez que hayas puntuado cada una de las preguntas, suma todos los resultados y divide el total entre 20 (número de factores evaluados).

El resultado final es el que te indicará tu nivel de insatisfacción laboral en este momento:

0 - 4 → Alta insatisfacción laboral
5 - 6 → Insatisfacción moderada
7 - 8 → Relativamente satisfecho (pero con áreas por mejorar)
9 - 10 → Alta satisfacción laboral

Ahora que ya tienes una idea más clara de tu nivel de satisfacción en el trabajo y de los factores que más te están afectando, en las siguientes páginas vamos a profundizar en la causa y en cómo mejorar tu situación.

La causa de tu insatisfacción laboral

Identificar que algo no está funcionando en el trabajo es un buen comienzo, pero la clave consiste en descubrir qué lo está causando y cómo te está afectando. De lo contrario, buscarás soluciones al problema equivocado o seguirás repitiendo patrones en otros trabajos sin solucionar nada, que es lo mismo.

Para poder identificar la causa raíz, quiero que empecemos por trabajar las emociones. Dedicamos poco tiempo a escucharlas, pero vienen cargadas de información.

Vivimos en una sociedad en la que casi parece que sentir no esté permitido; es habitual escuchar: «no es para tanto», «podría ser peor», «a ver si pasa pronto», etc. El mundo de las emociones se convierte en el escenario de la fórmula 1: cuanto antes pase, mucho mejor.

Y es justo lo contrario. Tampoco se trata de anclarte en tus emociones, pero sí de dejar que hablen, de entender el mensaje, y de transitarlas. Cada cual con sus tiempos.

Parte 1: Explora tus emociones

El objetivo es que utilices la rueda que verás a continuación para identificar las emociones y sentimientos que experimentas en tu trabajo de forma más frecuente. Esta rueda, conocida comúnmente como «rueda de las emociones», tiene su origen en la rueda de los sentimientos de Gloria Willcox. Hablaré en adelante de emociones para referirme tanto a emociones como a sentimientos, porque ambos responden a la pregunta «¿cómo te sientes?», que es lo importante en este ejercicio.

A grandes rasgos, las emociones son una respuesta rápida e intensa a un suceso, como pueden ser la alegría o el miedo. Y los sentimientos son esa respuesta sostenida durante más tiempo, que sigue moldeando nuestro mapa. O, dicho de otra manera, la emoción es la respuesta inmediata a cómo interpreto algo que me ocurre, el sentimiento es lo que perdura cuando le sigo dando vueltas y analizándolo.

Aclarado este punto, vamos a indagar en tus emociones, ahora sí. A continuación encontrarás la rueda de las emociones y te explicaré cómo utilizarla.

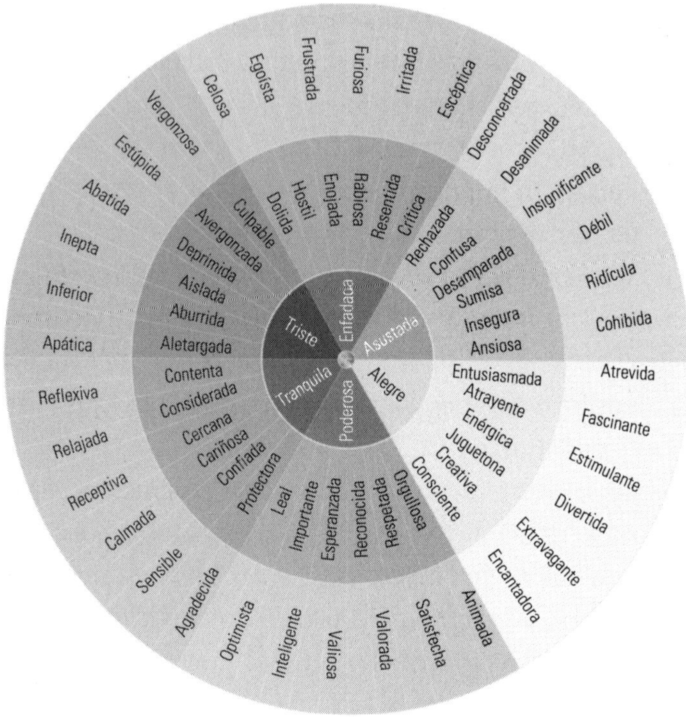

Como puedes observar, la rueda está formada por tres círculos, que van de dentro hacia fuera. En el centro están las emociones y sentimientos más genéricos, y a medida que avanzas hacia fuera esas emociones se convierten en otras más específicas.

Paso 1: Identifica la emoción que mejor represente cómo te sientes con respecto al trabajo. Por ejemplo: Estoy asustada (miedo).

Paso 2: Ahora señala del segundo círculo aquella que todavía es más específica. Por ejemplo: Estoy asustada y más concretamente me siento insegura y confusa.

Paso 3: Sigue avanzando hasta el tercer círculo, en el que encontrarás una emoción más precisa todavía. Por ejemplo: Me siento insignificante y ridícula.

Dos consejos importantes:

1. No te obsesiones con encontrar la emoción perfecta. No hace falta seguir el orden de los círculos si no lo necesitas. Lo más importante es que la rueda te ayude a ser lo más precisa posible para acercarte a la causa real de tu malestar actual.
2. Es normal identificar varias emociones. Lo más probable es que encuentres entre tres y cinco, anota todas aquellas con las que identifiques tu estado actual en tu cuaderno.

Parte 2: Qué detona tus emociones

A continuación, vamos a examinar cuáles son las situaciones y pensamientos que generan esas emociones. Pero para poder hacerlo antes necesito que entiendas cuál es la relación entre evento, pensamiento, cómo te hace sentir (emociones y sentimientos) y tu reacción.

Esta sería la secuencia:

1. Ocurre un suceso.
2. Mi cerebro, en función de mi mapa, lo filtra y lo interpreta generando un pensamiento.
3. En función de ese pensamiento yo me siento de una manera determinada.
4. Actúo en consecuencia con lo que pienso y siento.

Es decir, el «cómo me siento» es el resultado de la interpretación que hago (según mi mapa) de algo que me ocurre.

Imagina que alguien en el trabajo te dice: «Creo que podrías haberlo hecho mejor». Dependiendo de cómo interpretes tú la frase (suceso), el «cómo tú te sientes» será diferente:

- Interpretación 1: «Confía en mis capacidades y cree que todavía puedo dar más de mí». Posible emoción: seguridad, motivación. Acción: me esfuerzo para la siguiente.
- Interpretación 2: «He hecho un trabajo horrible y lo desaprueba totalmente». Posible emoción: frustración, inseguridad. Acción: hago horas extra para corregirlo.

El hecho es el mismo, pero la emoción cambia según nuestra interpretación. Y si cambia la emoción cambia nuestra acción posterior. A partir de esta distinción, ahora sí, veamos qué pensamientos y situaciones generan las emociones que en tu caso se dan con mayor intensidad.

Para facilitar el trabajo, lo harás completando esta tabla.

1. ¿Cuál es la emoción? (Te propongo trabajar con las dos o tres más intensas o frecuentes).
2. ¿Qué ocurrió / suele ocurrir justo antes de esa emoción?
3. ¿Qué pensaste / sueles pensar de esa situación / evento?

Emoción	**Suceso**	**Pensamiento**

Te dejo a continuación un ejemplo que te servirá para guiarte en la tabla (recuerda hacerla de izquierda a derecha):

Emoción	**Suceso**	**Pensamiento**
Frustración	En las reuniones mi jefe siempre me interrumpe.	«A nadie le importa lo que yo digo porque piensan que no valgo para esto».
Inseguridad	He presentado tres propuestas, pero nadie me ha contestado.	«Soy un fraude, sabía que algún día se darían cuenta».
Ira	Siempre contratan a gente de fuera para los puestos de manager.	«Por más que me esfuerce en esta empresa nunca voy a crecer».

Parte 3: Patrones

En esta parte se trata de identificar patrones, así que voy a pedirte que mires tu tabla y agrupes aquellas situaciones, pensamientos o emociones que sean similares o que estén relacionadas. ¿Cuáles se repiten? ¿Qué tienen en común?

Es muy probable que identifiques una situación o contexto que se repite en el tiempo, y que es la que genera un pensamiento recurrente que te hace sentir de una forma determinada. Que casi funciona como un automatismo.

Por ejemplo, en ambientes de trabajo muy competitivos, es común que los miembros del equipo se sientan nerviosos de forma repetida cuando les toca presentar al comité. También pueden darse situaciones estresantes que se repiten en el tiempo, como ponerte nerviosa cuando un jefe con el que tienes mala relación te escribe por Slack o Teams. Son situaciones en las que se genera un pensamiento automático de aviso de peligro, no eres consciente, pero va calando y pasa a ser algo habitual.

Parte 4: Tu malestar

Ahora que has podido identificar los patrones, es momento de señalar aquello que realmente está afectando a tu bienestar en el trabajo.

Revisa tranquilamente la información que has incluido en la tabla anterior y piensa en cómo resumirías en una frase qué es lo que realmente te está afectando de tu trabajo.

Te dejo algunos ejemplos:

- «Lo que de verdad me afecta de mi trabajo es que siento que no tengo autonomía porque mi jefe lo supervisa y controla todo».
- «Estoy harta porque no veo oportunidades de crecimiento y siento que estoy perdiendo el tiempo».
- «La sobrecarga de trabajo se ha vuelto la norma y yo me siento sobrepasada constantemente porque nunca llego a nada».

Tómate tu tiempo y escríbelo en tu cuaderno.

Parte 5: La causa raíz

Genial, hasta aquí has identificado cuáles son tus emociones y sentimientos, y también las situaciones y pensamientos que las generan. Lo que no sabemos todavía es cuál es la causa de tu insatisfacción laboral, aunque estamos ya muy cerca y es muy probable que hayas empezado a intuirla.

El objetivo de la parte que viene a continuación es cerrar el círculo al máximo para poder dar con la solución más adecuada. Porque estar quemado en el trabajo puede ser consecuencia de un problema estructural, interno, o una combinación de ambos. Y cada uno de ellos se soluciona de una forma distinta.

Cuando el problema es estructural me refiero a que no depende directamente de nosotras. Por ejemplo: una cultura corporativa tóxica, que paguen salarios por debajo de mercado o el estilo de liderazgo. En este caso, y lo veremos más adelante, una vez identificado el tipo de causa o problema, decidirás si tienes o no capacidad para gestionarlo y si quieres o no quedarte.

En cambio, cuando hablamos de problemas más bien internos tienen que ver con nosotras, a nivel de *mindset* o percepción. Es algo que *a priori* podemos cambiar o trabajar para evitar que nos siga afectando. Por ejemplo, el síndrome del impostor y la necesidad de validación externa, la dificultad para organizarnos y gestionar el tiempo (siendo una carga de trabajo asumible), la falta de asertividad para poner límites o las expectativas poco realistas sobre nuestro plan de carrera.

En estos casos el foco estaría más bien en el trabajo de autoconocimiento y desarrollo de habilidades o herramientas para cambiar la forma en la que nos enfrentamos a estas situaciones.

A continuación, vamos a analizar cuál es tu caso.

EJERCICIO: &WHY

Objetivo:

Este ejercicio, al igual que el original en el que está inspirado, que es el 5Whys de Sakichi Toyoda (fundador de Toyota), es una forma sencilla y efectiva de llegar a la causa real del problema.

En este caso te ayudará a descubrir si tu insatisfacción laboral tiene que ver con un problema estructural, interno o una combinación de ambos para poder tomar mejores decisiones.

Instrucciones:

- El punto de partida es la frase con la que has descrito lo que realmente te está afectando de tu trabajo. Puede ser algo más concreto como «no me siento valorada en el trabajo porque nunca recibo *feedback*», o más genérico como «mi trabajo no me llena».
- A continuación, pregúntate «¿por qué siento esto?» y escribe la respuesta más sincera que te venga a la mente.
- Vuelve a preguntarte «¿y por qué más?» y vuelve a escribir tu respuesta tal cual la sientas.
- Repite la pregunta «¿y por qué más?» cuatro veces hasta que des con la causa real del problema.
- Escribe tu respuesta final cuando la tengas y no te preocupes ahora por encontrar soluciones, llegaremos a ellas más adelante. Paso a paso.

Ejemplo 1 (problema interno):
Punto de partida: «Estoy harta de que nadie reconozca mi trabajo y empiezo a dudar de que realmente valga para esto».

- ¿Por qué siento esto?
  Porque no sé si estoy haciendo un buen trabajo si nadie me lo dice.
- ¿Y por qué más?
  Porque en mi empresa solo se da *feedback* cuando las cosas se hacen mal.
- ¿Y por qué más?
  Porque quiero hacer mi trabajo perfecto para que me valoren.
- ¿Y por qué más?
  Porque quiero que los demás vean que valgo y que soy buena en lo que hago.
- ¿Y por qué más?
  Porque siento que mi valor personal depende de lo que los demás piensen de mí.

Causa raíz identificada: «Mi valor está condicionado por la validación externa. Necesito la aprobación de los demás para sentir que hago un buen trabajo».

Ejemplo 2 (problema estructural):
Punto de partida: «Siento que mi carrera está estancada porque no tengo oportunidades de crecimiento en mi empresa».

- ¿Por qué siento esto?

  Porque en los últimos años no ha habido promociones en mi equipo.
- ¿Y por qué más?

  Porque la empresa prioriza la contratación externa en lugar de ascender a empleados internos.
- ¿Y por qué más?

  Porque la empresa no tiene una cultura de crecimiento interno y retención de talento.
- ¿Y por qué más?

  Porque les da igual la retención de talento.
- ¿Y por qué más?

  Porque los jefes creen que fichar talento de fuera es más valioso que desarrollar a sus propios empleados.

Causa raíz identificada: «La empresa no premia el trabajo de los empleados con un plan de carrera y eso me hace sentir que mi esfuerzo no vale para nada».

Cierre:
El motivo por el que insisto tanto en identificar la causa real de tu insatisfacción es, precisamente, que muchas veces estamos tan desesperados por salir de esa situación que es muy fácil caer en la trampa de tomar decisiones drásticas y precipitadas que puede que no solucionen el problema, sino que lo alarguen en el tiempo. Con el riesgo que eso supone para nuestra salud. Más adelante trabajaremos en esas opciones.

Quédate con:

1. El *burnout* no sucede de un día para otro. Es como el agua, empieza a hervir poco a poco hasta que te quema.
2. Las personas que sufren *burnout* han pasado antes por un periodo de insatisfacción laboral, pero no todas las personas insatisfechas en el trabajo llegan al *burnout*.
3. Estar quemada en el trabajo no significa simplemente estar a disgusto, sino experimentar una falta de coherencia, reconocimiento, realización o un entorno que no encaja contigo.
4. La insatisfacción laboral es diferente en cada persona. Depende de tus circunstancias, del contexto y de los factores que son más importantes para tu bienestar en el trabajo.
5. Las emociones no son solo una respuesta automática, son un mensaje cargado de información que puede ayudarte a entender qué es lo que está pasando y por qué te está afectando.

CAPÍTULO 6

ESTE MIEDO NO ES MÍO

El motivo por el que la mayoría de las personas que están quemadas en el trabajo siguen en la misma situación es porque se sienten incapaces de tomar una decisión. Esto ocurre no solo por no haber identificado la causa raíz, sino por la falta de perspectiva suficiente para buscar posibles soluciones.

La gente sigue normalizando estar mal en el trabajo solo porque es algo común, pensamos que «así son todos los trabajos». Leo comentarios de este estilo en redes sociales a diario, y quienes lo sufren dejan pasar los meses o incluso los años sin cambiar nada.

Estar mal en el trabajo sin tomar ninguna decisión es una sensación horrible porque bloquea y paraliza toda tu vida. Todo empieza a girar en torno a lo que ocurre y va mal en el ámbito laboral, hasta que te das cuenta de que estás en un bucle.

La consecuencia no es únicamente sufrir *burnout*, sino todo lo que pierdes por el camino: una relación de pareja, amistades, momentos importantes, oportunidades de disfrutar, salud... Por eso cada día cuenta.

Soy muy consciente de que tomar decisiones es complicado, especialmente relacionadas con el trabajo porque es una decisión que afecta a todos los ámbitos de tu vida, pero es necesario. Porque no hacerlo tiene un coste.

Así que vamos a hablar en este capítulo de por qué nos cuesta tanto decidir y qué podemos hacer al respecto.

Por qué me cuesta tanto decidir

Recuerda que lo que vas a leer aquí, como en el resto del libro, no es una tesis doctoral o psicológica, sino mi experiencia personal y profesional. Y lo que quiero y espero es que, al igual que con el resto del contenido, encuentres ideas, conceptos o herramientas que te conecten y te ayuden a desbloquearte y a pasar a la acción.

Bajo mi punto de vista, existen dos grandes motivos por los que nos cuesta tanto tomar una decisión:

- El miedo a equivocarnos.
- El miedo a que no sea la opción adecuada.

Soy consciente de que parecen lo mismo, pero no lo son a efectos prácticos, y déjame que me explique: el miedo a equivocarnos tiene que ver con ir de mal en peor. Es decir, básicamente con la idea de que un paso en falso pueda costarnos días de arrepentimiento.

Hemos hablado de esto y ya te lo dije: no puedes arrepentirte de algo que nunca habrás conocido ni probado, cómo vas a comparar una realidad vivida con algo que nunca sucedió. Y sí, lo sé, lo habrás imaginado en tu cabeza, pero es que en tu cabeza es solo eso, imaginación.

El segundo miedo tiene que ver con no elegir la opción adecuada. Este miedo tiene que ver con dos tipos de bloqueos:

1. No saber qué queremos.
2. Saberlo, pero priorizar lo que se espera de ti.

El primero está directamente relacionado con el autoconocimiento. Está claro que, si no sabes cuáles son tus deseos y necesidades, cualquier decisión parece un salto al vacío. Por eso, entender qué valoras y necesitas es crucial para aliviar este bloqueo.

Pero ojo con confundir no saber el qué con no saber el cómo. Porque la mayoría de las personas que dicen que no saben qué quieren en realidad lo que no saben es el cómo. El proceso que hace la mayoría de la gente es: qué puedo hacer, para decidir qué quiero hacer. Y debería ser justo al contrario: qué quiero hacer, para decidir cómo lo puedo hacer.

Y en cuanto a saber lo que quieres pero priorizar las expectativas de los demás, ten en cuenta que según el *Diccionario* de la RAE, «adecuado» significa «que se adapta a las necesidades o a las condiciones de algo o de alguien». Por tanto, la pregunta clave sería: ¿sueles tomar decisiones pensando en lo que necesitas tú o en lo que los demás esperan y consideran que es lo correcto? Muchas veces sabemos lo que queremos y tenemos que hacer, pero nos pesa demasiado lo que creemos que deberíamos hacer para no defraudar. Por eso decidimos desde el miedo a decepcionar.

Y aquí es donde entra de nuevo el autoconocimiento. Porque las decisiones deberían tomarse única y exclusivamente desde la perspectiva de cómo la decisión puede mejorar mi situación actual. Porque si la decisión no la mejora, entonces no puede ser nunca la decisión adecuada.

Fíjate, cuando yo estoy tomando la decisión de no ir a un cumpleaños de una amiga porque sufro ansiedad, pueden ocurrir dos cosas:

- No voy porque mi prioridad es estar bien y recuperarme. Llamaré a mi amiga y se lo explicaré para que podamos encontrar otro momento más tranquilo para vernos.
- Voy a la fiesta, aunque me genere ansiedad porque solo de pensar en lo mal que queda que no vaya y que eso podría hacerme perder a mis amigos, me pongo más nerviosa todavía.

En la primera me estoy eligiendo, en la segunda estoy eligiendo no defraudar a otros. Y aquí está la clave: ¿desde dónde estás tomando decisiones?

¿Tomas decisiones desde lo que realmente necesitas o desde el miedo a lo que otros puedan pensar? ¿Desde la autenticidad o desde la incertidumbre de no saber quién eres?

Porque llegadas a este punto la única excusa permitida para no decidir debería ser la falta de conocimiento sobre nosotras mismas y el poco respeto que tenemos por nuestra versión más auténtica, porque si no, no se entiende que el miedo a defraudar esté por encima.

Decidir no debería ser un dilema entre priorizarte a ti o priorizar a los demás. Por eso quiero que exploremos juntas qué te está reteniendo y qué factores influyen en tu capacidad para decidir con confianza.

Excusas para no dejar un mal trabajo

Muchas veces tenemos claro que necesitamos tomar una decisión importante, pero estamos paralizadas por factores más bien emocionales, creencias y miedos que nos encadenan a esa situación.

Llevas meses de mucho estrés, siendo monotema con tus amigos, que están hartos de escuchar lo mal que estás en el trabajo, y fantaseando con la idea de empezar de cero en otro lugar, con recuperar el buen humor y el tiempo para tener vida.

Y cuando parece que ya te has decidido, vuelven las dudas: «Tengo que dejar mi trabajo, estoy quemada, pero...». Es ese el momento en el que alguien que lleva aguantando la chapa durante dios sabe cuánto, pregunta: «¿Cómo puedes tener tantas dudas, con lo mal que estás?».

Y efectivamente, ¿cómo puedes tener tantas dudas? ¿Qué te retiene? ¿Por qué no eres capaz de dar un paso al frente?

Desde fuera, a todo el mundo le parece de lo más obvia la solución: si estás tan mal, déjalo. Pero en cambio, por dentro, hay algo que no te deja moverte. Y ese algo no es solo miedo, sino una red de pensamientos y creencias que hacen que soltar sea más difícil de lo que parece.

Tú no sabes cómo explicarlo, pero son como unas cadenas invisibles. Estas cadenas son las que yo llamo, con cariño y toda la comprensión porque sé por lo que estás pasando, las «excusas» para no dejar un mal trabajo. Vamos a ver con detalle las más comunes.

La jaula de oro

Ocurre cuando tu empresa paga por encima de mercado, las condiciones salariales son muy atractivas y no consigues ninguna oferta que las iguale.

Muchas empresas juegan precisamente esta baza. Saben que si tienes un salario suculento difícilmente vas a renunciar a él y con eso aseguran que el índice de rotación sea bajo. No digo que todas las empresas que pagan por encima de la media lo hagan, pero sí que algunas lo aprovechan para retener talento.

Siempre lo digo, siempre lo diré: que el sueldo no sea el único motivo para aceptar un trabajo, porque ese subidón se pasa con los meses y lo que queda al final es el día a día, las ocho horas, si no más.

Imagina por un momento que estás quemada en tu trabajo y que cobras 50.000 € anuales, sabiendo que para la misma posición en otras empresas están pagando de media 42.000 €, ¿cuán probable sería que aceptaras otra oferta? ¿Te generaría serias dudas renunciar a esa diferencia?

Tenemos que ser muy conscientes siempre de para qué estamos aceptando un trabajo y no otro y mantener siempre unas condiciones de vida que nos permitan tener cierta flexibilidad y libertad.

Siempre digo lo mismo en estos casos: si para ti un innegociable para tu trabajo ideal es el salario, define cuál es la franja en la que quieres moverte y qué necesitas para vivir como a ti te gustaría. Porque si cobras más de lo que necesitas y estás poniendo en riesgo tu salud, entonces no tiene ningún sentido, porque no compensa.

En entrevistas para procesos de *coaching* hablé con dos personas que no crecían en sus respectivas empresas y esto les estaba matando. El motivo por el que decidían no moverse de donde estaban y buscar otro trabajo era que hacía relativamente poco que habían firmado una hipoteca.

Si tener un piso de propiedad es para ti más prioritario que desarrollar una carrera profesional o encontrar satisfacción en el trabajo, podría tener sentido que elijas la empresa que más salario te paga. El tema es que, si esa es la prioridad, estar quemado en el trabajo porque no te ascienden no debería ser un problema. Pero sí a la inversa.

Lo mismo ocurre cuando estás en un trabajo al que dedicas muchas horas hasta tal punto que te levantas y vas a trabajar, terminas la jornada, te vas a tu casa y solo tienes tiempo de acostarte y dormir.

Hay gente que criticará esto, pero a mí, si esa es tu elección porque priorizas una carrera de éxito y quieres llegar a ser CEO mundial y necesitas hacer ahora ese esfuerzo para ser tan buena que el día de mañana se te rifen en las empresas más importantes, a mí me parece totalmente válido porque tú lo estás eligiendo.

El problema no es la jaula de oro en sí, sino que muchas veces la construimos sin darnos cuenta, y cuando llega el momento en el que necesitamos salir de ahí, sentimos que ya no podemos elegir. Que no somos libres. Y cuesta mucho soltar.

Identidad profesional

Tu reconocimiento y tu valía dependen del prestigio de la empresa y/o el cargo que ocupas porque el concepto que tienes de ti está directamente relacionado con tu carrera. Es parte de tu identidad, de quien eres. Este factor tiene un doble rasero:

1. El estatus social que te da la posición o empresa.
2. Lo bien que queda en tu CV. Y cuando me refiero a bien, hablo de que otras empresas lo tienen en cuenta y esto no es ningún secreto.

A mí me pasó. Recuerdo que cuando estudiaba las oposiciones, de alguna forma cuando me preguntaban qué hacía o a qué me dedicaba no necesitaba dar más explicaciones que decir «estoy opositando a juez», y sentía de alguna manera de forma automática que tenía el respeto y reconocimiento de la otra persona. Y, en consecuencia, el mío.

He trabajado con personas que me han dicho «no quiero irme porque me gusta decir que trabajo en esta empresa». Y es lógico, todos buscamos de alguna manera lograr un cierto estatus social y parte de ese estatus es el trabajo, que viene acompañado de una serie de expectativas sociales que serán las que puedan hacerte sentir validado y respetado en ciertos círculos.

El riesgo no está tanto en cuánto te identificas con tu trabajo, sino en cuánto puede llegar este factor a condicionar que sigas en un trabajo que está acabando contigo. Porque cuando el estatus está por encima de la salud, entonces sí es un problema.

Yo conozco a personas que han dejado de aceptar un trabajo que les iluminaba la cara después de mucho tiempo por no correr el riesgo de salirse del camino establecido por el mercado laboral para llegar a cierta posición. Y no les culpo. Son personas que han trabajado mucho para tener la posición que han logrado y las condiciones que tienen.

De nuevo, el problema viene cuando un futuro posible, pero incierto, se interpone entre tú y tu salud física, mental y emocional. Ese es el momento en el que merece la pena pararte y replantearte no solo tus prioridades, sino el significado de éxito para decidir hasta dónde estás dispuesta a llegar para lograrlo.

No hay nada malo en priorizar tu carrera laboral, es igual de válido que cualquier otro modelo. El problema aparece cuando el miedo a perder ese reconocimiento es más fuerte que tu bienestar.

Sesgo del coste hundido

La resistencia al cambio tiene que ver muchas veces con el hecho de que «no haya valido para nada» todo el esfuerzo y tiempo invertido. Y que encima, la situación mejore justo cuando tú te marches.

Esto me ocurrió a mí y fue una de las razones por las que no fui capaz de dejar la empresa en la que estaba. Era directora de marketing de una *startup* que había sido creada desde cero. Este tipo de empresa implica dedicación y mucho esfuerzo. Yo renuncié a otras cosas para dedicarme a hacer lo que me gustaba y a conseguir los mejores resultados. Estaba muy implicada, no solo porque además tuve la oportunidad de invertir y poder tener algunas participaciones, sino también porque yo soy de esas personas que se involucran al doscientos por cien.

Cuando pensaba en irme sabía que renunciaba a las participaciones, pero sobre todo y especialmente, dejarlo significaba para mí que todo ese esfuerzo no habría merecido la pena y que habría sido en balde.

Leí una vez un ejemplo que es muy ilustrativo del sesgo del coste hundido. Imagina que decides comprar un coche de segunda mano porque no quieres gastar mucho dinero. Lo compras y unos meses más tarde el coche empieza a hacer un ruido extraño. Lo llevas al mecánico, que lo revisa y te dice que es un tema de la conexión interna que afecta al motor. El mecánico te pasa el presupuesto, lo arregla y tú pagas la reparación.

Al cabo de unos meses, vuelve a encenderse una luz del panel de control. Vuelves al mecánico, parece que esta vez tiene que ver con las ruedas. Vuelve a pasarte presupuesto, el mecánico vuelve a arreglarlo y vuelves a pagar.

Empiezas a preguntarte si fue una buena idea comprar un coche de segunda mano, y de nuevo, unos meses más tarde el coche vuelve a estropearse, y tú vuelves a ir al mecánico. En este punto, tu madre, muy sabia, te pregunta: «¿No merecería más la pena venderlo y comprar uno nuevo?». Y tú le respondes: «Sí hombre, con todo lo que llevo invertido».

Así que, ¿cuándo es un buen momento para tomar decisiones? ¿Cuándo es el momento en el que toca saltar del barco para no hundirte? La respuesta tiene que ver con decidir si estás invirtiendo en mejorar tu situación o si, por el contrario, lo que estás haciendo es dar continuidad a un ciclo de inversión sin retorno.

Dejar un mal trabajo no es un alivio, a pesar de lo que muchas personas creen. Es una decisión dolorosa, no solo por todas las expectativas puestas en ese proyecto o las oportunidades perdidas, sino también por todos los «qué hubiera pasado si...».

Y el problema es que, en vez de avanzar, nos quedamos anclados en el pasado. Como hemos invertido demasiado, priorizamos quedarnos donde estamos, aunque eso signifique seguir perdiendo.

Luz de gas

En términos generales, hacer luz de gas (*gaslighting*) es una forma de manipulación prolongada en el tiempo con el objetivo de desacreditar a la otra persona para que termine dudando de sí misma.

Vamos, básicamente se trata de hacerte creer que la loca eres tú y que el problema lo tienes tú porque ves cosas donde no las hay o estás exagerando. Por ejemplo, algunas frases típicas de este tipo de manipulación pueden ser:

- «Estás haciendo una montaña de un grano de arena».
- «Igual es que eres demasiado sensible».
- «Yo no dije eso, lo entendiste mal».
- «Siempre le sacas puntilla a todo».

Recuerdo que una vez, haciendo prácticas en un despacho de abogados, me comunicaron que finalmente no iban a renovarme ni a hacerme contrato indefinido. Busqué trabajo rápidamente y lo conseguí antes de lo previsto, pero me pedían incorporación inmediata. Estaba de prácticas cobrando lo justo y trabajando de 9.00 a 13.00.

Inmediatamente uno de los socios me llamó: «Nosotros nunca te prometimos un contrato indefinido, no sé de dónde sacas eso. Además, ¿cómo lo vas a dejar todo terminado en tan poco tiempo? ¿Cómo puedes irte antes con el trabajo que todavía queda por hacer?».

Recuerdo que en aquel momento sentí desconcierto porque hasta ese momento yo estaba convencida de que me habían prometido contratarme si hacía un buen trabajo. Pero su respuesta tan tajante me hizo dudar... ¿lo entendí yo mal? ¿Había supuesto algo que no era? Además, también me sentía culpable, porque tal y como me lo estaban planteando, por un momento empecé a creer que era yo quien les estaba fallando. Si los otros socios tampoco decían nada, si nadie más cuestionaba esa situación, debía de ser yo la que estaba exagerando.

Esa es la trampa del *gaslighting*, hacerte dudar de tu propia percepción de los hechos hasta que empiezas a desconfiar incluso de lo que recuerdas.

Para alguien al borde del *burnout* que se esté planteando dejar su trabajo porque ya no puede más, sufrir este tipo de manipulación hace que se cuestione si está magnificando la situación, si ve fantasmas donde no los hay y en realidad debería tomarse las cosas con más filosofía. Porque en el fondo, quizá tengan razón y no es para tanto.

Pues para tanto y para todo si a ti te está afectando. Y necesitas tomar consciencia porque si no, no solo afectará a tu salud mental, sino que te hará dudar en una espiral infinita, destruirá tu confianza y perpetuará el sentimiento de que el problema lo tienes tú.

Sesgo de confirmación

¿Sabes el típico caso de aquellas parejas cuya relación es una montaña rusa de idas y venidas pero que tienen tan buenas reconciliaciones que se agarran a eso y olvidan todo lo negativo?

Pues esta especie de relación tóxica se da también en el ámbito laboral, y este tipo de patrón que hace que estemos tan emperrados en las cosas buenas que ocurren de forma aislada para justificar nuestra permanencia en un mal trabajo, es lo que se conoce como sesgo de confirmación.

Y esto suele ocurrir por dos razones:

1. Hemos normalizado estar mal en el trabajo, y estar mal en el trabajo no es normal. Otra cosa es que sea común. Pero existen trabajos en los que se tienen buenas condiciones, un jefe con el que te llevas bien y un ambiente de trabajo positivo. Pero claro, tienes que querer buscarlo para poder encontrarlo.
2. Por el entorno, porque nuestro círculo vive con el miedo de que dejes perder algo que «no está tan mal» porque más vale malo conocido que bueno por conocer. Y mientras a ellos les parece una locura que dejes tu trabajo con la que está cayendo o con el sueldo que tienes, tú vas perdiendo tu salud.

El sesgo de confirmación funciona de tal manera que buscas evidencias que confirmen que quedarte es la mejor opción, aunque en realidad sabes que necesitas justo lo contrario. Por eso ignoras las señales de alarma y te aferras a lo poco que ha sido bueno para poder justificar lo malo.

Cuanto más tiempo pases maquillando o buscando excusas, más difícil será salir de ahí. Deja de repetirte «no está tan mal», porque la pregunta no es si hay o no algo bueno en tu trabajo, sino si realmente es suficiente para quedarte.

Dejar un trabajo no es fácil, pero a veces es lo único que puede salvarte. Entender qué te está bloqueando es necesario para poder tomar la decisión que más te beneficie, la más adecuada para ti.

Recuerda que estas cadenas invisibles pueden romperse. Que no se trata de encontrar razones para quedarse, sino de si compensan lo que te está costando.

Maternidad y carrera profesional

La maternidad es una de las variables más determinantes en la toma de decisiones laborales para las mujeres. No solo por el impacto que pueda tener en nuestra carrera profesional, sino también por cómo condiciona la libertad de cambiar de trabajo o replantear un cambio de rumbo profesional.

Este es un tema que me toca muy de cerca, no solo por haberlo experimentado en mi propia piel, sino porque además ha sido motivo de varios dolores de cabeza importantes de *coachees* a las que he acompañado.

«Quiero seguir creciendo, me gusta mi trabajo, ahora no es el momento ideal».

«Si me quedo embarazada me adelantarán por la derecha y ya no me darán el ascenso que tanto he peleado».

«Nadie le daría el puesto a una mujer a punto de salir de cuentas».

Estos son algunos de los muchos quebraderos de cabeza actuales. De hecho, existen tres situaciones principales que son las más comunes en las que el deseo de la maternidad puede interferir en una decisión laboral:

- «Estoy mal en el trabajo, pero estoy buscando quedarme embarazada. ¿Cómo hago entrevistas embarazada? Nadie me va a coger, no me queda otra que aguantar».
- «Estoy mal en el trabajo, pero quiero quedarme embarazada, si empiezo en una nueva empresa, ¿cuánto tiempo tengo que esperar para intentarlo y que no quede mal?».
- «Estoy embarazada o tengo hijo/s y quiero tomarme un tiempo para mí y mi familia, pero ¿cómo explico y justifico luego en una entrevista todo este tiempo de parón?».

Estas situaciones no solo generan una dosis extra de estrés, sino que además condicionan por completo la forma en la que las mujeres construyen sus carreras y se mueven en el mercado laboral.

Como has podido ver hasta aquí, tomar decisiones de por sí ya resulta complicado, ahora añade esta variable vital a la ecuación que además tiene fecha límite contra la que no puedes negociar.

Algunos de los casos más duros en los que he acompañado han sido de mujeres que estaban en procesos de fecundación in vitro y que no sabían cómo justificar los días de baja o las visitas al médico. Mujeres que han sufrido en silencio una beta negativa (ausencia de embarazo) por segunda o tercera vez y que para no tener que dar explicaciones han ido a trabajar al día siguiente, con toda la carga emocional que eso supone.

Chicas a las que les han pedido reposo y les ha sido imposible porque en sus trabajos están mal, y están sufriendo y tienen miedo de que las echen.

Soy consciente de que hay muchísimos casos en los que nada de esto ocurre, pero lo cierto es que mientras haya mujeres preocupadas por perder su trabajo o estancarse en su carrera profesional, seguirá siendo una realidad.

Y la maternidad no es solo un desafío más en la toma de decisiones en el ámbito profesional para las mujeres, sino para la toma de decisiones vitales.

Escuchaba en un pódcast a una psicóloga hablar sobre mujeres que han tenido que decidir hasta cuándo seguir intentándolo. Durante ese proceso, muchas han llegado a cuestionarse:

- «¿Estoy agobiada porque siento que voy tarde y no porque realmente lo desee?».
- «¿El deseo de ser madre es realmente mío o es algo que siento que "tengo que hacer"?».

Ocurre lo mismo cuando nos quemamos en el trabajo. ¿Cuándo es momento de decir basta? ¿Cuándo saber que nuestro cuerpo ya no puede más? ¿Cómo saber por quién estamos aguantando?

Los momentos de quiebre generan estas dudas y hay que aceptarlas, porque ir contra ellas no solo no tiene ningún sentido, sino que es contraproducente, porque no se marchan, vuelven con el ejército para bombardearte y cuestionarte hasta la saciedad.

Hacerse las preguntas adecuadas es la única forma de encontrar las respuestas necesarias. Y esas respuestas solo puedes obtenerlas mirando dentro de ti y siendo sincera con lo que ves. Porque lo que ves es lo que eres.

Aunque a veces la maternidad puede parecer un obstáculo en según qué toma de decisiones, especialmente las relacionadas con una carrera profesional, también nos da la oportunidad de cuestionarnos qué queremos realmente, a qué estamos dispuestas a renunciar y qué otras opciones de vida queremos explorar.

Si estás en un punto en el que la maternidad y tu carrera te generan un bloqueo, quiero recordarte algo:

> Tomar decisiones no significa tener todas las respuestas, sino atreverse a buscar las que realmente importan.

La reinvención no es un lujo, es una necesidad

El aprendizaje que podemos sacar de todos estos desafíos de los que estamos hablando es que hemos crecido dándole poco o ningún valor al autoconocimiento, y al final conocerse una misma con nuestras luces y nuestras sombras es la clave para vivir una vida plena, coherente y satisfactoria. Lo que para mí es sinónimo de la ansiada felicidad.

Aunque el autoconocimiento no elimina todos los bloqueos a la hora de tomar decisiones, sí te da las herramientas para superarlos.

A mí siempre me gusta poner un ejemplo con el que creo que se entiende esta idea de una forma muy clara. Imagina estos juguetes que tienen los niños que son cajas de madera con diferentes formas, normalmente una estrella, un círculo, un triángulo, una flor, etc. Lo que tiene que hacer el niño es colocar la forma concreta dentro de la caja, pero pasando por el agujero que tiene esa misma forma. La pieza y la entrada a la caja tienen que coincidir. Si intento encajar un triángulo en el agujero de una flor, ¿qué crees que va a pasar? Por mucho que insista y me emperre en que entre, no lo hará. Puedo quedarme horas pensando en cómo hacerlo, pero no es posible, no encajan.

Ocurre lo mismo entre lo que eres y piensas, y lo que haces. Por eso, entender quién eres es tan importante. De alguna manera el cuerpo lo sabe, no ha llegado a definirlo, pero tiene mucha información muy valiosa, por eso insiste en mandarnos señales en forma de dolor cuando no queremos bajarnos del burro y seguimos empeñadas en mantener relaciones, trabajos o vidas que no son para nosotras.

Cada una tiene sus puntos fuertes, que son los que sirven como moneda de cambio para lograr los medios necesarios para construir la vida que queremos vivir. Por ejemplo, si yo sé que mi punto fuerte es ser analítica y organizada, me costará encajar en un trabajo en el que todo sea innovación y creatividad sin procesos, o en una vida o relación en la que lo que se me pide es que me deje llevar o improvise.

Para un ratito, sí, pero no para siempre. Y no para siempre

no porque no pueda adaptarme, sino porque no es mi forma de ser, no me siento cómoda y no es lo que me gusta. Y si no me gusta o interesa algo no tendré ningún interés en mejorar.

Otra cosa es que yo elija cambiar en un momento de mi vida.

Tus puntos fuertes y tus puntos débiles te harán triunfar, y esa es la clave. No triunfar en el sentido de ganar mucho dinero o ser famosa, que puede, sino en un terreno mucho más simple y satisfactorio: en la vida.

Porque la vida nos permite elegir mucho más de lo que pensamos. Podemos elegir cómo queremos vivir, qué decisiones queremos tomar y a qué queremos darle prioridad por encima de todo porque nos hace felices. Pero para conseguirlo, necesitas conocer quién eres, y darte el gustazo de presumir de ello y disfrutarlo. Tienes que atreverte, porque a ser una misma se aprende practicando.

El autoconocimiento es clave para navegar todos estos desafíos de los que te he hablado durante el libro, y es el motivo por el que el orden de los factores sí altera el producto. Si empiezas por el marco de referencia que has construido en la primera parte del libro, es mucho más sencillo decidir, elegir y renunciar (y también menos doloroso).

Es imposible que la decisión más coherente con quienes somos y lo que queremos no sea la más adecuada. Y esa es la razón por la que siempre digo que reinventarse no es un lujo sino una necesidad. Porque necesitamos entender el quién y el qué para poder vivir la vida.

Todo el mundo habla de reinvención ahora y lo hace de una forma que me parece errónea muchas veces. Se habla de reinvención solo en términos profesionales para referirnos a un cambio de carrera. Es decir, pasar de ser abogado a ser astronauta. Pero eso no es la reinvención. La reinvención es conocerse a una misma de tal forma que todo lo que hagas esté en sintonía con esas líneas guía. Porque todo lo que quieras ser en la vida forma parte de esa reinvención que se basa en el conocimiento propio y en cómo aprovecharlo para conseguir tus objetivos.

La reinvención puede llevar a un cambio de trabajo: puede ocurrir que al descubrir que desde siempre has tenido una pasión inexplicable por el espacio y los planetas, quieras ser astronauta y dejes tu carrera de abogada.

Pero la reinvención de verdad tiene que ver con ser auténtica. Con sentarte a escuchar tu voz interna y usarla de guía.

Por eso estoy ya cansada de escuchar hablar de la reinvención como si fuera un proceso de transformación mágico y la solución a todos los problemas de insatisfacción laboral. La reinvención es un proceso interno que no necesariamente requiere de cambios drásticos como dejar un trabajo.

Decía Marcel Proust que «el verdadero acto de descubrimiento no consiste en salir a buscar nuevas tierras, sino en aprender a ver la vieja tierra con nuevos ojos».

Reinventarse tiene que ver con quien soy y no con lo que hago o de qué trabajo. Tiene que ver con qué necesito, no con lo que tengo o debería tener. Y con qué es importante para mí, no con las expectativas o estándares sociales. Reinventarse no consiste en transformarte en alguien diferente y cambiar de trabajo, consiste en abrir los ojos para verte realmente y elegirte siempre.

Porque al final la vida solo va de eso, de vivir en sintonía con quien eres realmente. Esa es la verdadera felicidad.

Quédate con:

1. El bloqueo a la hora de tomar decisiones es lo que mantiene a muchas personas quemadas en sus trabajos.
2. Hemos normalizado estar mal en el trabajo, pero no es normal aunque sea común y esté aceptado.
3. Separar tu vida personal de tu vida laboral resulta imposible, se retroalimentan y una afecta a la otra. Por eso estar mal en el trabajo es estar mal en tu vida.
4. Decidir no debería ser una elección entre priorizarte a ti o priorizar a los demás. Si elegirte te genera culpa, es una señal de que has estado tomando decisiones desde las expectativas y no desde la necesidad.
5. Dejar un mal trabajo no es fácil ni tampoco un alivio, pero a veces es lo único que puede salvarte. No se trata solo de encontrar razones para quedarte, sino de entender el precio que estás pagando por seguir.
6. Reinventarse no significa empezar de cero, sino entender quién eres y vivir en coherencia con ello.

PARTE III

¿CÓMO SALIR DE AQUÍ?

CAPÍTULO 7

CTRL + Z (DESHACER)

Llegadas a este punto del libro, has trabajado en construir una nueva base más sólida sobre la que empezar a tomar decisiones, tu marco de referencia. Has evaluado tu nivel de insatisfacción laboral como punto de partida y has identificado la causa real que la genera. También has podido entender mejor cómo has llegado hasta aquí y cuáles son los factores que han condicionado tus decisiones y tu forma de entender el trabajo.

Ahora toca convertir todo esto en un plan de acción: ¿qué puedes hacer con esta información? ¿Cuáles son las alternativas para ti?

Situación actual: trabajo

Caer en la trampa de pensar que el problema afecta solo al trabajo es algo muy normal, por eso muchas veces terminamos creyendo que «no es para tanto». Pero sí lo es, porque nuestra vida profesional tiene un impacto en todo lo demás, para bien y para mal.

Y la insatisfacción laboral afecta a toda nuestra vida, a veces incluso sin darnos cuenta. Pero nos quita energía, afecta a nuestra motivación, relaciones, tiempo libre y sobre todo a nuestra salud.

Es por eso por lo que es parada obligada la de tomarse un tiempo para entender el impacto real que está teniendo el trabajo en tu vida. Comprender cuánto espacio ocupa, cómo afecta a otras áreas y si existe un equilibrio entre lo laboral y lo personal. Para poder responder a estas preguntas, te propongo el siguiente ejercicio.

EJERCICIO: RUEDA DE SITUACIÓN

Objetivo:

- Ver cómo repartes el tiempo y energía entre las diferentes áreas.
- Reflexionar sobre el equilibrio o desequilibrio actual entre ellas.
- Identificar qué áreas requieren mayor atención.
- Visualizar en qué punto estás ahora y qué ajustes necesitas hacer.

Instrucciones:

1. Haz un listado de todas las áreas, actividades e intereses a los que dedicas tu tiempo y energía actualmente.
    a. Incluye el trabajo y cualquier otra actividad importante o necesaria para ti ahora (familia, autocuidado, relaciones, salud, etc.).

   b. Si hay alguna área a la que te gustaría dedicar tiempo y energía, pero no está presente ahora mismo en tu vida, inclúyela también.
2. Representa cada área con un círculo dentro de un círculo más grande que es el que representa tu vida.
   a. El tamaño de cada círculo tiene que ser proporcional al tiempo y energía que dedicas a cada una de las áreas.
   b. En el caso de áreas que ahora mismo no están presentes, pero te gustaría, dibuja un círculo muy pequeño.

Te pongo un ejemplo: imagina por un momento que ahora mismo siento que le estoy dedicando la mayoría de mi tiempo al trabajo porque estoy emprendiendo y es la fase inicial del proyecto. Mi trabajo además conlleva que pase mucho tiempo en redes sociales porque me dedico a crear contenido. El resto del tiempo libre hago planes con mi familia y un día a la semana practico yoga, menos de lo que me gustaría, pero he conseguido mantener un mínimo semanal que por ahora es suficiente.

El problema está en el área de autocuidado. Mi espalda está hecha polvo y necesitaría rehabilitación, ir al fisio un par de veces por semana para poder recuperarme lo antes posible de la lesión.

Mi mapa de prioridades actual sería este:

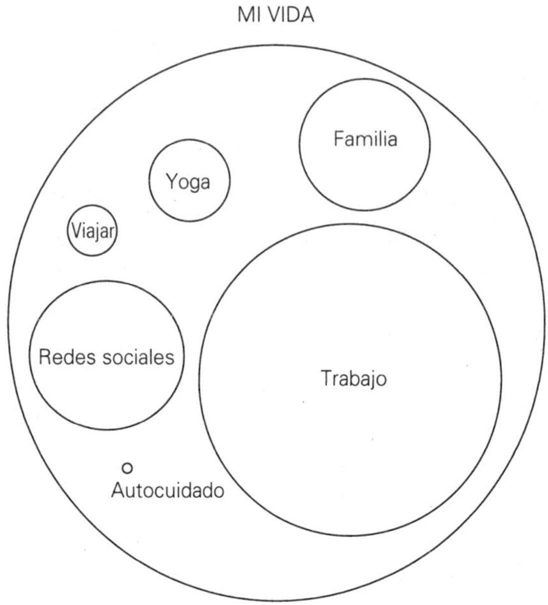

Es tu turno, dibuja tu mapa de situación en el cuaderno.

3. Cuando lo tengas, te invito a reflexionar:
   a. ¿Qué es lo que más te llama la atención?
   b. Este modelo actual ¿representa la vida que quieres vivir (marco de referencia del capítulo 3)?
   c. ¿Qué áreas son las que necesitan más espacio o equilibrio?
   d. ¿Qué cambios harías para acercarte a tu versión ideal?

Como en todos los ejercicios anteriores, recuerda que no hay respuesta correcta o incorrecta. Por tanto, no hay una forma de repartir los círculos mejor o peor. Un mapa «equilibrado» no equivale a repartir el mismo espacio para todas las áreas, sino a una distribución que sea coherente con lo que tú quieres y necesitas.

Puede que algunas personas prioricen el trabajo porque están en una etapa de crecimiento profesional o porque forman parte de un proyecto que les ilusiona. Igual que otras personas priorizarán, en cambio, la familia o ponerse en forma para preparar un Ironman. Todo está bien, lo único importante es que el reparto final refleje al máximo cómo tú quieres que sea tu vida. Porque vivimos en un mundo que va muy deprisa, y resulta casi imposible no caer en la inercia del día a día sin darnos cuenta.

Cambiar hábitos, puntos de vista o incluso creencias no se consigue de la noche a la mañana. Por eso estamos trabajando desde los cimientos, así que no tengas prisa y dedica a cada ejercicio el tiempo que necesites porque por primera vez en mucho tiempo, si no en toda tu vida, estás tomando tus propias decisiones. Y esas decisiones son las que van a ayudarte a (re)construir tu propia narrativa.

(Re)construcción de la narrativa

Ahora que has hecho un diagnóstico para identificar el impacto del trabajo en tu vida, es momento de dar un paso más y definir cómo quieres que sea tu relación con él en el futuro.

Este ejercicio no trata solo de imaginar un escenario ideal, sino de construir una visión profesional que sea coherente con quien eres, lo que valoras y lo que realmente quieres. Es momento de transformar la frustración o bloqueo en claridad.

De pasar de un estado actual (el ahora) a un estado deseado (el que estás construyendo).

Así que tu siguiente paso en este camino que estás construyendo es redefinir cómo quieres sentirte con respecto al trabajo y qué papel debería ocupar en tu vida para que esté alineado con la dirección que has decidido tomar.

Paso 1: Reescribiendo tu historia

Piensa en tu contexto laboral actual como si fuera una película en la que tú eres la protagonista. Piensa en cómo te sientes y cuáles son tus pensamientos.

Cuando lo tengas claro, voy a pedirte que le pongas un título a esta película. Puede ser un título que ya exista o uno totalmente inventado. Puedes usar también una metáfora.

Título de la película: ______________________________

- ¿Por qué has elegido este título?
- ¿Cómo te hace sentir?
- ¿Qué aspectos de esta película reflejan realmente quién eres y qué es importante para ti?

Este primer paso te ayudará a tomar consciencia de la idea de trabajo que has construido (probablemente por inercia) hasta ahora.

Paso 2: Ajustando el guion

Ahora revisa todo el trabajo que has hecho en capítulos anteriores, rescata el marco de referencia que creaste en el capítulo 3 y dime: si fueras la guionista de tu propia historia profesional, ¿cómo titularías la nueva versión?

Título de la nueva versión: ______________________

- ¿Por qué has elegido este título?
- ¿Cómo te hace sentir la idea de esta nueva historia?
- ¿Qué es diferente respecto a la versión anterior?

Este paso no solo te ayuda a visualizar el cambio, sino que además te permite empezar a escribir el tipo de historia que quieres vivir.

Paso 3: Una nueva realidad
Bajo este nuevo título, escribe unas líneas sobre cómo sería tu relación con el trabajo y tu vida profesional desde esta visión de vida deseada. ¿Cómo te gustaría sentirte respecto a tu trabajo? ¿Qué papel tendría en tu vida ideal? ¿Qué tipo de tareas harías en tu día a día? ¿Cómo sería tu relación con el equipo? ¿Cómo encajaría con el resto de tu vida personal?

Se trata de empezar a visualizar qué tipo de trabajo quieres, cómo quieres experimentarlo en el día a día y qué papel quieres que juegue en tu vida acorde con la visualización y objetivos que definiste en el capítulo 3 con el ejercicio del «día ideal». No pongas ninguna barrera ni límites, ya llegaremos a eso. Ahora simplemente déjate llevar, haz un ejercicio de máximos.

Cuando hayas (re)escrito una nueva versión de tu futuro profesional, cierra los ojos y visualiza un día en el trabajo tal y como lo has imaginado. Piensa en todos los detalles. Cómo te levantas, cómo empieza tu jornada, cómo interactúas con tus compañeros, en qué tipo de proyectos has trabajado, qué reuniones has tenido o qué emociones predominan al terminar la jornada y llegar a casa.

¿Sientes que esta nueva versión está más alineada con tu yo más auténtico? Si ahora no ves el «cómo» llegar a ese destino, no te preocupes porque es normal.

Hasta aquí hemos definido una dirección (el qué), a continuación trabajaremos en el camino (el cómo).

Dejar el trabajo no es la única opción

Es momento de explorar tus alternativas. Y para hacerlo voy a pedirte que tengas la mente bien abierta, que sigas el orden de los siguientes ejercicios y que no te limites. Porque muchas veces pensamos que dejar el trabajo es la única salida, y es verdad que a veces lo es, pero otras veces existen formas alternativas de recuperar el control sin necesidad de marcharte.

Déjame que te ponga algunos ejemplos para que me entiendas:

- Si estás quemada en tu trabajo porque sientes que no se te valora como corresponde, prueba a solicitar *feedback* y a ver qué ocurre. Quizá te sorprenda, a veces simplemente el reconocimiento llega de formas que no son las que esperas.
- Si estás frustrada porque crees que cobras menos de lo que deberías, agenda una reunión con recursos humanos para tener una conversación directa y clara sobre tus expectativas salariales. Puede que solo sea un tema de visibilidad o de tiempos.

- Si estás agotada porque estás dando el 150 por ciento de ti porque crees que tienes que suplir (supuestas) carencias, alinea expectativas con tu responsable. Es posible que ese esfuerzo extra no sea necesario y puedas relajarte.

A la hora de trabajar en posibles alternativas, en mis sesiones siempre divido las soluciones en dos grandes grupos: internas y externas. Esta distinción tiene que ver con que las alternativas ocurran dentro de tu puesto actual o que, por el contrario, requieran un cambio de entorno, incluso de trabajo. Y esto depende de que sea un problema interno (depende de ti) o estructural (depende de la empresa o del sector).

Déjame que ilustre esta distinción con algunos ejemplos de escenarios que suelen ser comunes:

1. Soluciones internas (cuando el problema es interno):
    a. Una conversación crucial con tu jefe.
    b. Pedir *feedback* sobre tu trabajo.
    c. Comunicar límites y expectativas.
    d. Aprender a gestionar el estrés.
    e. Mejorar habilidades de productividad.
    f. Pedir un cambio de departamento.
2. Soluciones externas (cuando el problema es estructural):
    a. Cambio de trabajo, pero no de sector.
    b. Cambio de sector, rol o posición.
    c. Empezar de 0, reinvención profesional.

Recuerda que, cuando el problema es estructural, tiene que ver con la empresa. Puedes intentar influir, pero no depende solo de ti. En cambio, si el problema es interno, es una cuestión más de *mindset* o personalidad, algo que puedes trabajar si quieres.

Aquí te dejo algunos ejemplos:

Contexto	**Problema**	**Soluciones**
«Estoy estancada, no crezco profesionalmente».	Si la empresa no ofrece promociones a nivel interno, es estructural.	Explorar oportunidades en otras empresas y empezar a investigar cómo está el mercado.
«Me pagan poco por el trabajo que hago».	Si la empresa no ajusta los salarios a los que paga el mercado o no hace revisiones ni aumentos, es estructural. Si no has negociado nunca o no has explorado tu valor en el mercado, es interno.	Buscar otras empresas que mejoren tus condiciones salariales, si es estructural. Preparar una reunión en la que puedas plantear razones objetivas por las que deberían subirte el sueldo, si es interno.
«Nadie reconoce mi trabajo y me siento muy insegura».	Si la cultura de empresa no fomenta el reconocimiento, es estructural. Si sufres el síndrome del impostor, es interno.	Preparar entrevistas para empresas que sepas que tienen una cultura corporativa diferente y de *feedback* continuo, en el primer caso. Trabajar con un profesional y pedir *feedback* dentro de la empresa para ganar confianza, en el segundo.
«No me gusta lo que hago, este sector ya no me interesa».	Si sientes que tienes otros intereses y que tus valores no hacen *match* con los de la empresa, es interno.	Definir qué quieres hacer a nivel profesional y qué te motiva.

Es importante que tengas en cuenta que, aunque existan soluciones internas, siempre puedes elegir marcharte si consideras que no merece la pena intentarlo o simplemente necesitas un cambio de aires.

Recuerda que las posibles alternativas deberían estar alineadas con la causa real de tu insatisfacción laboral. El objetivo es mejorar tu situación actual y que empieces a construir un camino más coherente con quien eres realmente y la vida que quieres vivir.

También puede ocurrir que tengas claro que quieres dejar tu trabajo, pero que no puedas hacerlo de forma inmediata. Quizá necesites ahorrar antes de dar tu siguiente paso profesional o tal vez no quieras dejar un trabajo sin tener otro, por lo que sea. Si este es tu caso, aquí tienes cuatro posibles alternativas:

1. Tratar de solucionar el problema de raíz de forma temporal. Quizá puedas hacer algunos ajustes dentro de la empresa que te permitan mejorar la situación hasta que puedas hacer el cambio.
2. Aprovechar el tiempo para trabajar tu empleabilidad. Ya sea porque la empresa en la que trabajas o el rol que ocupas son muy atractivos para el mercado; o bien porque la seguridad y estabilidad que te da quedarte en tu trabajo actual te permite dedicar tiempo y recursos a aprender otras habilidades o competencias demandadas en el mercado que te abrirían nuevas puertas profesionales.
3. Explorar nuevos intereses profesionales. Puedes dedicar un tiempo a definir un plan de salida que te permita

conocer cuáles son tus fortalezas y ver en qué tipo de sector o posición podrían encajar mejor.

4. Construir un plan financiero. Calcular cuántos meses necesitarías tener cubiertos para sentirte segura haciendo el cambio de trabajo y cuántos meses necesitas ahorrar qué cantidad para lograr ese objetivo.

Como puedes ver, para cada escenario existen muchos «cómo» que pueden mejorar tu situación laboral. Así que, antes de tomar cualquier decisión, es clave ampliar tu visión para considerar opciones que quizá ni te habías planteado.

El siguiente ejercicio te ayudará precisamente a salir de la caja y a generar nuevas perspectivas para definir cuál será tu próximo paso. Recuerda el primer capítulo: «el mapa no es el territorio».

EJERCICIO: AMPLÍA TU MAPA

Objetivo:

- Hacer un *brainstorming* (lluvia de ideas) de posibles alternativas para tu situación laboral actual.
- Abrirte a nuevas opciones y perspectivas.

Instrucciones:

Paso 1: Activa tu creatividad

Antes de empezar vamos a hacer un pequeño ejercicio de calentamiento que, aunque tiene su origen en la psicología, se utiliza también mucho en *design thinking* para agudizar el ingenio.

1. Elige un objeto que tengas a la vista, cualquiera que esté en la habitación o espacio en el que te encuentras.
2. Tienes sesenta segundos para pensar en al menos diez usos distintos que podrías darle a ese objeto. No hagas trampas, solo sesenta segundos.
3. No juzgues ninguna de tus ideas, este ejercicio va de cantidad, no de calidad.
4. Por ejemplo: si elijo una taza, podría usarla como macetero, portalápices, compás para dibujar círculos, molde para hacer galletas, etc.
5. Es tu turno:

Objeto:
1.
2.
3.
4.
5.
6.
7.
8.
9.
10.

Paso 2: Expande tus alternativas

Ahora que has puesto en marcha tu ingenio, vamos con el ejercicio.

Esta dinámica es una adaptación de un ejercicio llamado

Crazy 8's que se utiliza para generar ideas rápidamente en creación de producto y que aprendí durante mi formación de diseño UX / UI. Como es una adaptación del original, lo llamaremos en este caso Crazy 4's. Importante: este ejercicio es para generar ideas, no para tomar decisiones definitivas.

Empecemos:

1. Coge una hoja y divídela en cuatro partes (puedes doblarla dos veces por la mitad o dibujar los cuadrantes).

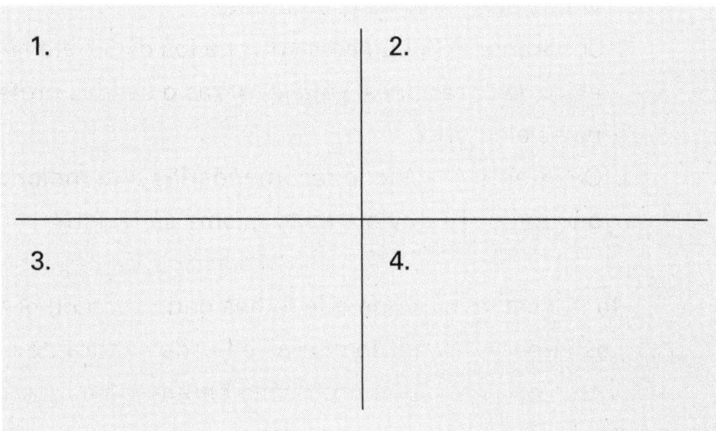

2. Para completar cada cuadrante vas a tener sesenta segundos que has de comprometerte a cronometrar. El objetivo de poner un tiempo limitado es doble: que pienses rápido y en cantidad, y que no juzgues tus ideas, porque entonces estarías perdiendo oportunidades. Aquí la clave es: cuantas más opciones, mejor.

   Ahora se trata de encontrar posibles caminos que te acerquen a la vida profesional que has descrito en la (re) construcción de la narrativa. Opciones que te acerquen al escenario profesional deseado.

3. Para cada cuadrante te haré una pregunta, y a partir de esa pregunta escribirás todo lo que venga a tu mente en los siguientes sesenta segundos. Y repetirás el proceso con las otras tres. ¿Preparada?

   a. Cuadrante 1: ¿Qué alternativas profesionales te plantearías si el dinero no fuera un problema?
   b. Cuadrante 2: ¿Qué harías a nivel profesional si no tuvieras obligaciones ni ataduras?
   c. Cuadrante 3: Si pudieras volver a los diecisiete años y elegir sin presiones, ¿qué carreras o salidas profesionales elegirías?
   d. Cuadrante 4: ¿Qué le recomendarías a tu mejor amiga/amigo si estuviera en tu misma situación?

Un indicativo claro de que lo has dado todo en el ejercicio es que tengas por lo menos en cada cuadrante entre dos y tres opciones que no habías barajado hasta el momento.

Ahora que tienes una perspectiva más amplia y opciones concretas que te acercan al modelo de vida profesional que has redefinido, es momento de transformar esta visión en un plan realista y accionable.

Plan de acción: método GROW

Definir lo que quieres es solo el primer paso, pero para convertir esa visión en una realidad, necesitas una estrategia clara y estructurada. Y esto es justo lo que vas a hacer en este punto, convertir tus ideas en acciones concretas.

Para hacerlo, vamos a utilizar una herramienta sencilla pero poderosa: el método GROW, de John Whitmore. Es una de las metodologías más efectivas en *coaching* para estructurar un plan de acción, y en este caso la vamos a adaptar a tu proceso para que puedas transformar toda la claridad que ya has ganado en un camino realista hacia el cambio. Se trata de un modelo estructurado en cuatro fases, cuyas iniciales forman la sigla GROW: Goal, Reality, Options y Will. Te cuento en qué consiste cada fase y el paso a paso para que puedas aplicarlo.

Goal (objetivo): ¿Qué quieres realmente? (Tu visión definida en la (re)construcción de la narrativa). Al escribirlo asegúrate de que el objetivo sea:

- Positivo: «No quiero seguir en esta empresa» *vs.* «quiero encontrar un trabajo que encaje mejor con mis necesidades y objetivos vitales».
- Responsable (que dependa de ti): «Encontrar trabajo» *vs.* «buscar trabajo».
- Específico: «Buscar un trabajo de lo mío» *vs.* «buscar trabajo en mi sector en una empresa pequeña que ofrezca trabajo en remoto».
- Realista: «buscar un trabajo con un salario altísimo sin experiencia previa» *vs.* «buscar un trabajo que mejore

mis condiciones salariales acorde con mi experiencia y formación».

Reality (realidad): ¿Cuál es tu punto de partida? Cuál es tu situación actual respecto al objetivo, cuáles son los puntos fuertes o circunstancias a tu favor, y cuáles los obstáculos o posibles desafíos.

Options (opciones): ¿Qué puedes hacer? (Las ideas que has explorado en el Crazy 4's). Cuáles de esas alternativas son viables (con las que te sientas cómoda y que sean alcanzables) para ti y te acercan a tu objetivo. Es importante que estén alineadas tanto con el objetivo como con tu realidad. Si necesitas añadir nuevas que no has incluido en tu Crazy 4's, adelante.

Will (acciones): ¿Qué vas a hacer? (Las acciones que vas a poner en marcha). De lo que se trata en este punto es de convertir la opción (o combinación de opciones) que elijas en pasos concretos. Si te ayuda, puedes seguir estas pautas:

- Divide grandes acciones en pequeñas tareas:
  - Ejemplo: optimizar mi perfil en LinkedIn es una acción grande que puede dividirse en visitar otros perfiles del sector para ver qué habilidades o formaciones necesito resaltar + actualizar mi experiencia + preparar una carta de presentación para las solicitudes.
- Define una fecha límite por cada acción para así comprometerte.

Ahora es tu momento de pasar a la acción. Dibuja en una hoja de tu cuaderno de trabajo la siguiente plantilla y completa cada uno de los cuadrantes con la información que has trabajado hasta ahora. No pasa nada si no tienes las respuestas perfectas, este es un proceso de construcción y lo importante es empezar a aterrizar y estructurar el plan.

1. Objetivo	2. Realidad
3. Opciones	4. Acciones

Si necesitas inspiración, aquí tienes un ejemplo real de cómo aplicar este método en la práctica.

Contexto: Mariona es una diseñadora gráfica que ocupa un cargo de manager en una agencia de publicidad. Tras nuevas incorporaciones en el equipo directivo, la cultura corporativa cambió por completo y además empezaron a hacer recortes. Ella asumía más trabajo del que debería sin que le subieran el sueldo, y sentía que su vida giraba únicamente en torno al trabajo.

Rueda de situación: Al dibujar las diferentes áreas se dio cuenta de que dedicaba el 80 por ciento del tiempo que pasaba despierta al trabajo. Que cada vez dormía peor y que los fines de semana estaba tan cansada que había dejado de apuntarse a planes de trekking con sus amigos, una de sus grandes pasiones.

(Re)construcción de la narrativa: Mariona imaginaba su escenario ideal con menos carga de trabajo y responsabilidad, un jefe con el que tuviera *feeling* y que no hiciera *micromanagement*, y la posibilidad de teletrabajar para no perder tiempo en desplazamientos y volver al gimnasio para mejorar su forma física de cara a recuperar los planes del fin de semana.

Crazy 4's: Algunas de las opciones que proponía Mariona durante este ejercicio y que le acercaban a su estado deseado eran:

- Proponer a la agencia trabajar media jornada y complementar con pequeños trabajos de *freelance*.
- Crear una pequeña *boutique* de diseño con su compañera y amiga de la universidad, Rita.
- Formarse en diseño UX/UI para poder acceder a posiciones en equipos de Growth Marketing de *startups* relacionadas con salud y deporte.
- Buscar trabajo en otra empresa con su misma posición pero que le permita tener flexibilidad horaria y trabajo en remoto al menos tres días a la semana.
- Hablar con recursos humanos para ver si pueden mejorar sus condiciones.
- Ahorrar seis meses y pedir una excedencia en la empresa para hacer un año sabático y recorrer Europa haciendo senderismo.

Hasta aquí, la dirección estaba clara, ahora tocaba convertirla en un plan concreto.

Aplicación del método GROW:

- Objetivo (*Goal*): «Quiero un trabajo con mejor equilibrio personal y profesional, que me permita mantener mi nivel de ingresos, pero con menos carga y responsabilidad para volver a tener más tiempo para mí y recuperar mi calidad de vida».
- Realidad (*Reality*):
  - La posibilidad de promocionar es casi imposible porque la empresa cubre sus vacantes con perfiles externos.
  - Han reducido parte de la plantilla alegando que el volumen de clientes ha bajado, aunque no es verdad y el equipo asume el trabajo de varios perfiles a la vez.
  - Su jefe se sigue comprometiendo con fechas imposibles y el equipo está cada vez más sobrecargado.
  - Nunca ha negociado un cambio de condiciones, así que no sabe cómo plantearlo.
  - Tiene algunos clientes interesados en su trabajo como *freelance*, pero tiene dudas de que eso sea suficiente para poder reducir su jornada.

- Opciones (*Options*):
  - Empezar la formación en UX/UI para poder acceder a nuevas posiciones y oportunidades que la motiven y mejoren sus condiciones.
  - Negociar con Recursos Humanos una reducción de jornada para equilibrar la carga y poder desconectar.
  - Explorar la idea de trabajar como *freelance* para clientes que ya conoce.

- Proponer una conversación semanal con su jefe para alinear prioridades y expectativas de trabajo.
- Definir el tipo de empresa o sector que puedan mejorar sus condiciones y empezar a tantear el mercado.

- Acciones (*Will*):

  Mariona analizó sus opciones y decidió apostar por dos caminos complementarios: primero intentó negociar con Recursos Humanos para reducir su jornada y, al mismo tiempo, empezó a buscar formación de UX/UI.

  Y para cada acción, definió los pasos concretos que la ayudarían a ponerse en marcha.

Opción 1: Pedir una reducción de jornada.
Acciones:

- Trabajar en una propuesta de plan de trabajo para apoyar su solicitud.
- Agendar una reunión con RRHH antes de final de mes.
- Identificar posibles objeciones y preparar respuestas.

Opción 2: Formarse como diseñadora UX/UI:
Acciones:

- Investigar programas de formación y elegir uno en tres semanas.
- Evaluar si puede hacer frente al coste por su cuenta o si necesita financiación.
- Empezar a hacer *networking* con perfiles del sector para conocer futuras oportunidades.

¿Qué hizo entonces Mariona? Intentó negociar con Recursos Humanos su reducción de jornada, pero no lo consiguió, así que decidió apostar por trabajar en su empleabilidad y en vías alternativas para mejorar sus condiciones laborales matriculándose en un *bootcamp* de UX/UI. Después de seis meses intensivos de formación entró en la bolsa de trabajo y consiguió una oportunidad como diseñadora UX en una empresa de *software*.

Inicialmente no consiguió más sueldo, aunque sí un plan de carrera y la posibilidad de teletrabajar y tener flexibilidad horaria, con lo que pudo recuperar su tiempo libre, las excursiones del fin de semana y la vida social.

Es importante que tengas en cuenta que no siempre se trata de cambiarlo todo de golpe, sino de hacer movimientos estratégicos que te acerquen a la vida que realmente quieres.

Los cambios pueden ser desafiantes, pero cada paso que damos para lograr una vida más auténtica transforma nuestra percepción de la vida y redefine nuestra manera de vivirla.

En este capítulo has conseguido:

1. Reflexionar sobre cómo distribuyes tu tiempo, energía y recursos entre tu vida personal y laboral, para definir qué significa para ti un equilibrio real y qué áreas necesitan más atención.
2. Entender que dejar el trabajo no es siempre la única ni la mejor opción. La solución depende no solo de la causa real del problema sino también de tus circunstancias concretas.
3. Darte cuenta de que las posibles alternativas se construyen desde una base sólida de autoconocimiento que sienta las bases necesarias para visualizar un destino profesional alineado con quienes somos y lo que queremos.
4. Reestructurar tu mapa mental ayuda a ampliar tu perspectiva para tener en cuenta otras formas de vida que no conocías.
5. Definir un plan de acción detallado y realista que te ayude a empezar a caminar para conseguir el tipo de vida que quieres vivir.

CAPÍTULO 8

SE NOS HA OLVIDADO VIVIR

Tu vida, tus reglas

Llegadas a este punto, ahora sí, tienes algo muy valioso entre manos: un plan de acción. Solo te queda ponerte en marcha.

Si has seguido el orden de los capítulos y además has podido ir completando los ejercicios que te he propuesto, entonces ya has empezado a tomar decisiones importantes para poder avanzar.

Estoy convencida de que empezaste el libro buscando respuestas, y de que ahora tienes unas cuantas.

Es importante que tengas en cuenta que esto no termina aquí y que el proceso de autoconocimiento y realización no es un destino al que se llegue y que se termina, es un proceso continuo en el tiempo. Una forma de vida, una manera de entender el mundo. Este es el motivo por el que necesitas tener muy claros cuáles son tus cimientos, porque el mundo se encargará de hacerte dudar muchas más veces con sus propios miedos y juicios.

> Sentirse realizada no es un lugar al que llegar, es el resultado de saber quién eres y actuar en consecuencia. Incluso cuando es incómodo. Sentirse realizada significa ser libre para elegir. Porque de eso se trata, de poder elegir.

Muchas veces nos quedamos atrapadas esperando a que las cosas cambien por sí solas, y si algo he aprendido es que no lo hacen. Pasamos años en un trabajo que nos supera, esperando a que algún día todo se solucione. Pero la verdad es que nada cambia si tú no cambias.

Tu jefe sigue ahí después de cinco años dando por saco. Sigues sin encontrarle un sentido al trabajo, aunque te empeñas en quedarte para poder justificar la carrera que has estudiado. Tu pareja te ha dejado porque no hay dios que te aguante. Te tiras el día discutiendo y el fin de semana nunca tienes ganas de hacer nada. Sigues haciendo horas extra y pendiente del móvil los fines de semana porque crees que así serás mejor profesional y estarás mejor valorada en la empresa. Tus amigos están hartos ya de ti porque siempre hablas de lo mal que estás, pero no haces nada para cambiarlo, así que ya no te invitan a las cañas del *afterwork*.

Y pasan los días, los meses, incluso los años.

Vas como una zombi de casa al trabajo y del trabajo a casa. Y en el mejor de los casos, el cuerpo se hartará y te dará un último aviso: un *burnout*.

¡Ojo! No romantizo el *burnout*, no lo hago porque no es un momento que merezca la pena pasar. Lo que quiero decir es que a veces es necesario romperse para darse cuenta de que vivir como lo hacemos, no es vida.

Porque la vida no va de sobrevivir, sino todo lo contrario. La vida es como un bufé libre en el que servirte tu mejor plato con los ingredientes que te parecen más deliciosos. Pero no nos atrevemos, estamos acojonados pensando en un futuro que puede que nunca llegue, o dudando de nuestra capacidad por hacer frente a adversidades que en el 99 por ciento de los casos no van a pasar.

Existen tantas formas de vida, de ser y de hacer, que es imposible que no exista una a medida para ti. Una que de verdad te haga feliz. Y si no te das cuenta, necesitas abrir los ojos y salir más ahí fuera.

Recuerdo la polémica tras el documental de Dabiz Muñoz y Cristina Pedroche en relación con el capítulo en el que él hablaba de su indecisión en cuanto al proyecto DiverXo. Se criticó mucho en redes la ambición de él, la implicación y el tiempo que dedica a sus proyectos. De todo el tiempo que le ha dedicado a construir y lograr su versión de éxito profesional. Incluso se le tachó de egoísta por el hecho de que él se planteara un proyecto de diez años que le exigiría 24/7 teniendo en cuenta que ella, Cristina, manifestó su deseo de ser madre de nuevo, y varias veces. Mucha gente lo criticó: está mal de la cabeza, cómo puede llegar a esos extremos, vive solo para trabajar, y qué pasa con la familia, qué egoísta, etc.

Pero ¿qué te importa a ti cómo decidan ellos vivir su vida?

En todo este tiempo he aprendido algo que me parece fundamental: haz de tu forma de vida la única forma de vida válida.

Porque cuando te marches de este mundo, lo único que va a importarte es que hayas pasado la mayor parte del tiempo que puedas siendo auténtica y haciendo lo que de verdad querías. Demonizar el éxito profesional es tener muy poca generosidad porque estás invalidando prioridades que no necesitas entender, simplemente respetar.

Esto no va de competir en versiones de vida, esto va de ser felices, que parece que no nos enteramos. Y para mí una vida feliz, una vida de éxito, es permitirte ser auténtica para sentirte realizada y tener una vida plena.

Así que, en pocas palabras, sentirse realizada tiene que ver con un estado interno de satisfacción y de coherencia. Tiene que ver con libertad.

Una persona realizada no es una persona que tenga o haga mucho, es una persona capaz de verse, entenderse, y actuar en consecuencia. Es tener la libertad de construir un mundo interno y externo lo más alineado posible con quien realmente eres y lo que quieres.

Sentirse realizada es disfrutar del viaje sabiendo que vas en la dirección correcta.

Ahora sí, tu vida. Tus reglas. Muévete.

Es una carrera, no un *sprint*

El proceso de dejar atrás el *burnout*, recuperarte y volver a sentirte realizada no es un proceso lineal ni inmediato. Es un viaje con sus idas y venidas, habrá días en los que todo se haga más cuesta arriba, habrá dudas e incluso momentos en los que sientas que no avanzas, sino todo lo contrario.

Y eso está bien, porque es normal. Es parte del proceso.

El *burnout* es un síndrome que no aparece de la noche a la mañana, ni siempre llega a su punto más extremo. Hay personas que, sin llegar a necesitar una baja médica, sienten que no tienen motivación, que el trabajo se les hace bola o que están atrapadas en una rutina que les está desgastando cada vez más a nivel emocional y mental.

He trabajado con muchas personas al borde del *burnout* o que incluso tenían una baja médica por *burnout*. ¿Sabes qué tenían casi todas en común? Culpabilidad y prisa. Y las dos van de la mano.

La culpabilidad aparece porque, claro, como a otros no les pasa, el problema lo tienes tú. Y la prisa llega en consecuencia, como el *burnout* es una especie de fallo más que una señal de que llevas demasiado tiempo sosteniendo más de lo que puedes gestionar, quieres arreglarlo cuanto antes y resolver esta situación a la mayor brevedad posible.

Pero la realidad es que ni la culpa ni la prisa son buenas consejeras y no te ayudarán a recuperarte. Y por eso quiero compartir contigo tres claves para empezar a reconstruirte paso a paso:

1. *Acepta el proceso: que la prisa de otros no te haga correr.*
Una de las cosas más difíciles de aceptar cuando estás agotada, desmotivada o sufriendo los síntomas del *burnout* es que la recuperación lleva su tiempo.

El *burnout* puede presentarse en diferentes fases y distintos grados. Puede que ahora sientas simplemente estancamiento o apatía, desmotivación o incluso desapego con tu trabajo. O quizá ya estés en una fase posterior en la que duermes mal, nada te hace ilusión o estás agotada física, emocional o mentalmente y el cuerpo, simplemente, no te sigue, no tira.

Sea cual sea el punto en el que te encuentres, no puedes exigirte una recuperación milagrosa en un tiempo récord. Es fundamental que respetes tus propios tiempos y que no te compares.

Muchas personas se sienten culpables por haber dejado tirada a la empresa, por el hecho de que otro se esté comiendo los «marrones» por su culpa, o incluso por no haber sido capaces de soportar la presión como hace todo el mundo y terminar por romperse.

Y empiezan a sentir la presión de recuperarse cuanto antes para poder volver a la normalidad.

El *burnout* no se pasa, el *burnout* se trabaja.

Y para poder hacerlo necesitas soltar dos grandes pesos que llevas en la mochila:

- La incertidumbre: no puedes adivinar qué piensan de ti en el trabajo, si van a echarte cuando vuelvas o si algún compañero va a intentar beneficiarse de la situación. Este tipo de pensamientos serán recurrentes, pero no puedes dedicarles todos tus esfuerzos porque solo conseguirás aumentar tu estrés y ansiedad.
- La pérdida de ilusión: esta duele, y mucho. Yo he tenido a varias personas llorando en sesión cuando han sido conscientes. Darte cuenta de que has perdido la capacidad de disfrutar es terrible, pero aceptarlo como parte del proceso es necesario, porque es algo temporal.

Y esta segunda me lleva a la clave número 2.

2. *La motivación no aparece, se construye.*

Cuando estás sufriendo *burnout*, una de las sensaciones más dolorosas es ser consciente de que has perdido la ilusión por todo. Las cosas que antes te hacían sentir bien o que te motivaban, ahora no tienen ningún sentido para ti.

La sensación de descontrol y de vacío pesa y se hace muy cuesta arriba. Pero es parte del proceso. Tu cuerpo, tu mente y tu corazón se han roto, necesitan ser reconstruidos.

Es fundamental que entiendas que la motivación no aparecerá sola, tienes que empezar a construirla. Lo que significa al principio obligarte.

Mi consejo es:

- Empieza por hacer un listado de todas las cosas que recuerdes, por pequeñas que sean, que en algún momento te han hecho ilusión y prueba a recuperarlas. No te obligues ni te fuerces a sentir lo mismo al principio, cero expectativas, el objetivo es empezar a recuperar espacios para ti.

- Construye rutinas, por más que cueste. No necesitas un plan perfecto ni un día lleno de actividades que no quieres hacer, simplemente empieza con algo sencillo que sepas que te ayudará a recuperar poco a poco el control de tu vida.

Recuerda que esto no es una competición, esto va de dar pequeños pasos. Cada vez que consigues hacer algo por ti, estás mandando un mensaje a tu cerebro: «Me estoy cuidando, estoy aquí y voy a conseguirlo».

No se trata de esperar a estar bien para seguir adelante, sino de seguir adelante incluso cuando no estás bien para poder estarlo. Porque la motivación no llega de golpe, es como una chispa que se enciende poco a poco, y que empieza con un compromiso.

Y esto me lleva a la tercera clave.

3. *Tu zona de control es tu prioridad para el cambio.*

Necesitas focalizar toda tu energía en aquello que realmente sí dependa de ti.

Piensa en ello como si fuera la batería de tu *smartphone*. Imagina que te has perdido en medio del bosque, no sabes cómo volver al punto de encuentro, estás sin cobertura y solo te queda un 5 por ciento de batería.

Tienes dos opciones:

- Esperar a que alguien del grupo note tu ausencia y vengan a buscarte, lo que podría llevar horas y mientras quedarte tú sin recursos.
- Usar ese 5 por ciento de batería para enviar un mensaje SOS con tu ubicación (que se enviará cuando haya señal) y encender la linterna para intentar deshacer el camino de vuelta.

¿En qué prefieres invertirlo?

Cuando sufres *burnout*, ocurre lo mismo con tu energía, que es limitada y no puedes permitirte gastarla preocupándote por lo que otros piensen, por lo que podría estar pasando en el trabajo o por cualquier otra situación u opinión que estén fuera de tu control. Y cuando digo fuera de tu control me refiero a que no puedes hacer nada por cambiarlo porque no depende de ti. Entonces ¿qué sentido tiene?

En cambio, lo que sí puedes decidir por ejemplo es:

- No conectarte al correo del trabajo porque te da ansiedad cuando lo haces.
- Pensar en buscar un acompañamiento profesional que te ayude con este proceso.
- Apartarte de personas que ahora mismo te restan y no favorecen tu recuperación.
- Dejar de apuntarte a ofertas de empleo que ni siquiera sabes si te encajan o te apetecen.

Pregúntate: ¿Esto depende de mí? ¿Puedo hacer algo al respecto? Si la respuesta es no, suéltalo. Recuerda usar tu «batería» de forma eficiente y con intención.

El *burnout* no es una condición, no te define y tampoco es permanente. Es una señal de que necesitas parar, escuchar tu cuerpo y hacer cambios. Nadie se recupera de la noche a la mañana, y tampoco hay tiempos mínimos ni máximos establecidos, no te compares.

Solo recuerda que cada pequeño paso desde hoy es un mensaje para ti misma: «Estoy aquí, estoy cuidándome, estoy avanzando».

Esto va de ti, no del trabajo

Este libro es el resultado de todo el trabajo que he tenido la suerte de hacer con personas que, al igual que tú ahora, han sentido que estaban al límite. Pero es también y especialmente, fruto de mi propia trayectoria personal y profesional.

Durante mi proceso de recuperación de *burnout* recuerdo buscar respuestas desesperadamente. Estaba confusa, entendía cuáles eran los detonantes y estaba trabajando para ser capaz de sostenerlos.

Pero ¿y luego qué?

Y además, ¿por qué tratamos los síntomas, pero no el origen del problema? ¿Por qué nadie habla del proceso de reconstrucción?

¿Por qué no existe un trabajo integral que unifique lo que sucede dentro y fuera del trabajo? ¿Por qué se habla de estrés laboral sin hablar de desarrollo personal?

Era como si realmente no existiera un plan completo de recuperación para las personas que pasamos por un *burnout*. Iba encontrando algunas herramientas sueltas, cada una abordando una parte del proceso, pero desconectadas entre sí. Y entonces empecé a atar cabos. No quería solo aliviar el dolor. Quería entenderme. Quería un plan. Quería una hoja de ruta para reconstruirme y no solo recuperarme.

Por eso he escrito este libro.

Estas páginas no son solo un cuaderno de ejercicios y reflexiones. Son un sistema que va más allá del trabajo. Suponen un cambio de perspectiva. Una forma de pensar que no separa tu vida personal de tu vida profesional, porque no se puede separar quién eres de lo que haces.

Este libro está pensado y escrito para ayudarte y acompañarte a hacer lo que yo misma no encontré en su momento:

- Volver al origen. No se trata solo de entender los síntomas, sino el porqué.
- Reconectar contigo. Encontrar tu verdadera esencia y darte el permiso de quererte tal y como eres.
- Construir un modelo de vida acorde y coherente con quien eres realmente. Uno que hayas diseñado tú de verdad.

A través de estas páginas has vuelto a la raíz. No al trabajo, sino a ti. Has vuelto a tu historia y a lo que te ha traído hasta aquí.

Este no es un libro para leer solo una vez y dejarlo olvidado entre otros tantos. Este libro es una herramienta a la que puedes volver siempre que lo necesites. Porque este proceso de transformación no termina, ni es lineal, y vas a necesitar hacer cambios y ajustes.

Porque este no es un libro sobre tu trabajo, es un libro sobre ti. Sobre la vuelta a los orígenes y a la esencia. Estas páginas van de reconocerte y darte tu lugar.

Van de recuperar la ilusión y la libertad de crear una vida con sentido. Una vida que te motive y te haga ilusión.

¿Y ahora qué?

Si has elegido este libro estás entre el 2 por ciento de personas que deciden dar un paso al frente y poner en jaque la vida que conocen porque intuyen que tiene que haber algo mejor al otro lado.

Y lo hay, créeme. Este es el primer paso: cuestionar lo que conoces para crear algo más auténtico, más tuyo. Porque de eso va la vida, de pintar y colorear tu propia versión de lo que significa vivir plenamente. De redibujar todo lo aprendido y diseñar una vida que refleje lo que realmente eres y lo que quieres de verdad, de forma genuina y sin dar explicaciones.

Tener dudas o miedo es normal.
Nos enseñaron a sobrevivir, a cumplir y a encajar.
Lo que yo te propongo es empezar a vivir
de verdad.

Esto va de la libertad de ser tú.

De empezar a vivir de verdad. De cumplir tus propios sueños y no los de otros. De tirar por la ventana todo lo que ya no te sirve ni te representa. De convertir tus hobbies en tu prioridad y hacer de tus talentos un superpoder.

Esto va de rodearte de personas y entornos en los que puedas ser tú misma y no solo encajar. Si lo piensas, vivir siendo tú misma es mucho más sencillo que lo que has hecho hasta ahora. Porque contentar a todo el mundo es agotador.

Medir cada movimiento, encajar cada decisión, hacer todo lo necesario para tener la validación externa o dar explicaciones a cada paso que parece salirse de lo común es un desgaste.

Vivir siendo tú misma es lo más sencillo que harás.

Siempre habrá alguien a quien le parezca mal, que te critique o desapruebe decisiones que vayas a tomar. Pero esas opiniones de gente que ni conoces no pueden estar por encima de tu propio criterio.

No necesitas tener todas las respuestas,
no necesitas que todo sea perfecto. Necesitas
confiar en el proceso, confiar en ti y en tu
capacidad para hacer frente a lo que venga.

Así que:

- Ten objetivos, pero sé flexible y confía en el proceso. Disfruta del día a día, a veces un pequeño desvío es una gran salida.
- Reconstruye tu historia tantas veces como necesites. Evolucionamos y cambiamos y eso está bien, es perfecto.
- Tienes un sistema, hazlo tuyo y recurre a él siempre que lo necesites. Este libro es una herramienta para ti, no una verdad absoluta y permanente.
- Cuando tengas dudas, usa tu brújula interior: ¿Esto que estoy haciendo, me acerca o me aleja de la vida que quiero vivir?

Como decía Peter Dinklage en el anuncio de una conocida marca de cerveza: «Tienes una vida maravillosa, atrévete a vivirla».

Quédate con:

1. La vida no es un problema que deba resolverse, es un lienzo en blanco que dibujar.
2. Estamos muertos de miedo porque hemos aprendido a sobrevivir, pero la vida es mucho más que eso.
3. Existen muchas formas de vida, de ser y de hacer, encuentra la tuya propia y no renuncies a ella.
4. El proceso de autoconocimiento no tiene un final, porque evolucionamos y cambiamos. Por suerte.
5. Ahora que has empezado, no lo dejes. Hazte el favor.

Si sientes que este libro te ha ayudado a hacerte preguntas, encontrar respuestas y tomar decisiones, sería genial que, además de recomendarlo, compartieras tus impresiones conmigo. Este es un proyecto importante para mí, y me encantaría ver su impacto en quienes lo lean: que las personas como tú y como yo dejen de sentirse solas en un momento como este, que dejen de sentirse culpables y sepan que esto es solo un bache.

Te dejo mi email personal, **hola@andreafrcoaching.com**, y mi cuenta de Instagram, por si quieres compartir o etiquetarme: **@andreafr.coaching**.

No estás sola, y esto también pasará.